中国地图

会話と読解中心

やさしく楽しい中級中国語

中国基礎知識12篇

郭春貴・郭久美子・梁勤 著

白帝社

音声ファイルダウンロードについて

- 『やさしく楽しい中級中国語』の音声ファイル（MP3）をダウンロードすることができます。
 「白帝社」で検索、または下記サイトにアクセスしてください。
 http://www.hakuteisha.co.jp/audio/863982697.html

- 本文中の 00 マークの箇所が音声ファイル（MP3）提供箇所です。パソコンやスマートフォン（別途解凍アプリが必要）などにダウンロードしてご利用ください。ファイルは ZIP 形式で圧縮された形でダウンロードされます。
 　　吹込：郭春貴、李洵

- 本書と音声は著作権法で保護されています。

ご注意

* デジタルオーディオプレーヤー等に転送して聞く場合は、各製品の取り扱い説明書やヘルプ機能によってください。

* 各機器と再生ソフトに関する技術的な質問は、各メーカーにお願いいたします。

––––––––– **前書き** –––––––––

　大学の専門科目以外の初修中国語において、2年次以上の授業は、もはや必修ではないので、敢えて履修する学生こそ、きっと興味とやる気があって、勉強したいという気持ちがあるのだと思います。しかし、1年生の中国語の授業は週1、2回程度で、多くのことが勉強できるとは言えず、2年生になって単語や文法、内容が急に難しくなると、手に負えないと感じて、恐怖感と挫折感が同時に沸いてくるのではないでしょうか。

　また、中級に上がって、中国語の学習を続けても、中国の地理、歴史、教育などの一般知識についてあまり関心がなく、よく知らない学生も少なくないと思います。

　原因はいろいろあると思われますが、テキストも大切なのではないでしょうか。

　以上の問題を反省しながら、私たちは2つの目標を設定して、本書を編集しました。
　① やさしく楽しく勉強が続けられるように
　② 中国について興味が持てるように

　そのため、本書は簡単な常用単語を用い、中国の料理、地理、歴史、言語、教育など、中国について楽しい会話とやさしい読解文で学べるよう編集しました。

　構成はシンプルです。90分の授業で、2回で1課のペースで練習も十分にできると思います。

1. 会话（会話）：10行の会話で楽しく勉強しながら、中国の知識を得る。
2. 词汇（語彙）：負担にならずに覚えられるよう、会話の語彙を12個に絞る。
3. 语法点（ポイント）：各課の会話に使われる用語と文型を3個選び、簡単な説明と例文で語彙と文法を学ぶ。
4. 理解问答（読解）：会話とポイントを学習した後、読解力を訓練するために、会話と同じ内容の文章と、簡単な質問を用意。読解と会話を同時に訓練できる。
5. 练习（練習問題）：最後に復習として、『やさしく楽しい400語で学ぶ中国語入門』（郭春貴・郭久美子著、白帝社）と同じく、簡単な練習問題（聞き取り、日文中訳、ピンインを漢字に直し日本語に訳す）を設ける。
6. 复习（復習）：4課ごとに復習として、中国語検定とHSK形式の練習問題を用意。

　以上1～5はすべて、音声を用意していますので、どうぞご活用ください。

　巻末に、各課の「会話」と「読解」の日本語訳と基本語句の「日本語から引く語彙索引」も用意しました。復習と作文の練習に活用してください。

　本書の編集に当たって、多くの先生方から貴重な助言をいただき、また白帝社の皆様、特に小原恵子さん、岸本詩子さん、十時真紀さんより多大なご支援をいただきました。心より感謝いたします。皆様のご教示、ご指導をいただければ幸いです。謝謝！！

2016年12月25日
郭春貴・郭久美子・梁勤

目　次

第1课　中国菜　　6

1. 说起…，（就）想起…
2. 没办法
3. 程度補語
   「形容詞／感情動詞＋"死了"」
   「形容詞／感情動詞＋"死我了"」

第2课　中国的饮料　　12

1. 连…都…
2. 就
3. 把

第3课　中国的糕点　　19

1. "挺"＋形容詞／感情動詞＋"的"
2. "边"＋動詞₁＋"边"＋動詞₂
3. 以为
   认为

第4课　中国的体育　　25

1. 動詞＋"是"＋動詞，"不过／可是"…
   形容詞＋"是"＋形容詞，
   　　"不过／可是"…
2. 除了…，
3. 被

● 复习1　　32

第5课　中国的自然地理　　35

1. 比较文「A"比"B＋形容詞」
2. "这么／那么"＋形容詞
   "这么／那么"＋動詞
3. 怪不得

第6课　中国的行政区划　　42

1. 相当于
2. 只、只有、只是
3. 可能補語「動詞＋"得／不"＋"了"」

第7课　中国的人口与民族　　50

1. 呢
2. 啊
3. 等

第8课　中国的语言　　58

1. 对…来说
2. 動詞＋"得"＋形容詞
3. 让

● 复习2　　64

| 第9课 中国的历史 | 67 |

1. 名詞／動詞（＋目的語）＋"之后"
2. 后来
3. …，然后

| 第10课 中国的教育 | 74 |

1. 只要…，就…
2. 只有…，才…
3. 疑問詞＋"都／也"

| 第11课 中国的宗教 | 80 |

1. "没什么"＋名詞
2. 跟…一样／相同
   跟…接近
3. 不论（无论／不管）…，都…

| 第12课 中国的经济 | 86 |

1. "来"＋動詞（＋目的語）
2. 不…了
3. 不但…，也…

| ● 复习3 | 92 |

● 「会话」「理解问答」日本語訳　95

● 日本語から引く語彙索引　109

第1课 中国菜

Dì yī kè　　　　　　　　Zhōngguócài

会话 huìhuà

李红：**说起** 日本菜，人们 会 **想起** 寿司 或 **生鱼片**。那么
　　　Shuōqǐ Rìběncài, rénmen huì xiǎngqǐ shòusī huò shēngyúpiàn. Nàme
　　　说起 中国菜，你 会 想起 什么 呢？
　　　shuōqǐ Zhōngguócài, nǐ huì xiǎngqǐ shénme ne?

王伟：我 想想……，我 想起 北京 烤鸭。
　　　Wǒ xiǎngxiang……, wǒ xiǎngqǐ Běijīng kǎoyā.

李红：北京 烤鸭 只 在 北京 有名。在 上海、四川 不
　　　Běijīng kǎoyā zhǐ zài Běijīng yǒumíng. Zài Shànghǎi、Sìchuān bú
　　　那么 有名。在 上海 可能 是 **小笼包** 或者 **馄饨**。
　　　nàme yǒumíng. Zài Shànghǎi kěnéng shì xiǎolóngbāo huòzhě húntun.
　　　在 四川，**肯定** 是 **麻婆豆腐** 或 **火锅** 了。
　　　Zài Sìchuān, kěndìng shì mápódòufu huò huǒguō le.

王伟：对 对 对，我 吃过 麻婆豆腐 和 火锅，**辣死** 我
　　　Duì duì duì, wǒ chīguo mápódòufu hé huǒguō, làsǐ wǒ
　　　了。这 两 个 菜 都 是 **名符其实** 的 四川菜，但
　　　le. Zhè liǎng ge cài dōu shì míngfúqíshí de Sìchuāncài, dàn
　　　不 能 代表 中国菜。
　　　bù néng dàibiǎo Zhōngguócài.

李红：那 你 说 饺子 怎么样？可以 代表 中国菜 吗？
　　　Nà nǐ shuō jiǎozi zěnmeyàng? Kěyǐ dàibiǎo Zhōngguócài ma?

王伟：**恐怕** 南方人 不 同意。南方人 不 常 吃 饺子。比如
　　　Kǒngpà nánfāngrén bù tóngyì. Nánfāngrén bù cháng chī jiǎozi. Bǐrú

	说 上海人 喜欢 吃 馄饨，广东人 喜欢 吃 烧卖。
	shuō Shànghǎirén xǐhuan chī húntun, Guǎngdōngrén xǐhuan chī shāomài.
李红：	那 你 说 什么 菜 最 能 代表 中国菜？
	Nà nǐ shuō shénme cài zuì néng dàibiǎo Zhōngguócài?
王伟：	我 看 是 米饭 吧。全 国 人民 都 爱 吃 米饭。
	Wǒ kàn shì mǐfàn ba. Quán guó rénmín dōu ài chī mǐfàn.
李红：	不 可能 吧，日本人 也 爱 吃 米饭 呢！而且 我
	Bù kěnéng ba, Rìběnrén yě ài chī mǐfàn ne! Érqiě wǒ
	听说 山东人 爱 吃 馒头，不 常 吃 米饭。山西人
	tīngshuō Shāndōngrén ài chī mántou, bù cháng chī mǐfàn. Shānxīrén
	也 不 常 吃 米饭，他们 爱 吃 面条。
	yě bù cháng chī mǐfàn, tāmen ài chī miàntiáo.
王伟：	唉！中国 那么 大，吃 的 东西 当然 各 地 不
	Ài! Zhōngguó nàme dà, chī de dōngxi dāngrán gè dì bù
	一样，没 办法 选出 一 个 最 有 代表性 的
	yíyàng, méi bànfǎ xuǎnchū yí ge zuì yǒu dàibiǎoxìng de
	中国菜 来。
	Zhōngguócài lái.

词汇 cíhuì

1 生鱼片 shēngyúpiàn：刺身
2 小笼包 xiǎolóngbāo：ショーロンポー。皮が薄く汁がたっぷり入った小型の肉まん
3 馄饨 húntun：ワンタン
4 肯定 kěndìng：必ず、絶対に
5 麻婆豆腐 mápódòufu：マーボー豆腐
6 火锅 huǒguō：火鍋。四川の有名な辛い鍋料理

7 辣 là：辛い
8 名符其实 míngfúqíshí：名実相伴う
9 恐怕 kǒngpà：恐らく
10 烧卖 shāomài：シューマイ
11 而且 érqiě：しかも
12 馒头 mántou：マントー。餡が入ってない蒸しパン。中国の東北の人の主食

语法点 yǔfǎdiǎn

1. 说起…，（就）想起… shuōqǐ…, (jiù) xiǎngqǐ…：「…といえば、…を思い出す」

① 说起日本，就想起富士山，说起中国，就想起万里长城。
Shuōqǐ Rìběn, jiù xiǎngqǐ Fùshìshān, shuōqǐ Zhōngguó, jiù xiǎngqǐ Wàn Lǐ Chángchéng.

② 说起小学那个时候，就想起我们那时的天真可爱。
Shuōqǐ xiǎoxué nèige shíhou, jiù xiǎngqǐ wǒmen nà shí de tiānzhēn kě'ài.

③ 说起王大海，就让人想起他的幽默和亲切。
Shuōqǐ Wáng Dàhǎi, jiù ràng rén xiǎngqǐ tā de yōumò hé qīnqiè.

2. 没办法 méi bànfǎ

2.1「…をすることができない」

① 我没办法说他，你去说吧。
Wǒ méi bànfǎ shuō tā, nǐ qù shuō ba.

② 今天地铁人太多，没办法上车。
Jīntiān dìtiě rén tài duō, méi bànfǎ shàng chē.

2.2「仕方がない」「どうしようもない」

③ 他不听，我们也没办法。
Tā bù tīng, wǒmen yě méi bànfǎ.

④ 我们没有钱，想买也没办法。
Wǒmen méi yǒu qián, xiǎng mǎi yě méi bànfǎ.

3. 程度補語「形容詞／感情動詞＋"死了 sǐ le"」「形容詞／感情動詞＋"死我了"」：
「死ぬほど…」。望ましくない形容詞か感情動詞を使い、よくない状態の程度のひどさを表す。

① 昨天面试的时候，我紧张死了。
Zuótiān miànshì de shíhou, wǒ jǐnzhāngsǐ le.

② 啊啊！今天客人怎么那么多啊，忙死我了。
Ā ā! Jīntiān kèren zěnme nàme duō a, mángsǐ wǒ le.

③ 我快饿死了，你这儿有方便面吗？
Wǒ kuài èsǐ le, nǐ zhèr yǒu fāngbiànmiàn ma?

理解问答 lǐjiě wèndá

说起 中国菜，你 会 想起 什么 呢？烤鸭？饺子？还是
Shuōqǐ Zhōngguócài, nǐ huì xiǎngqǐ shénme ne? Kǎoyā? Jiǎozi? Háishi
麻婆豆腐？
mápódòufu?

有 人 可能 会 说 烤鸭 只 在 北京 有名，在 上海、
Yǒu rén kěnéng huì shuō kǎoyā zhǐ zài Běijīng yǒumíng, zài Shànghǎi、
四川 并 不 那么 有名。上海人 喜欢 吃 小笼包 或者 馄饨，
Sìchuān bìng bú nàme yǒumíng. Shànghǎirén xǐhuan chī xiǎolóngbāo huòzhě húntun,
四川人 更 是 辣不离口，最 爱 吃 麻婆豆腐 或 火锅 了。
Sìchuānrén gèng shì làbùlíkǒu, zuì ài chī mápódòufu huò huǒguō le.

那么 饺子 能 不 能 代表 中国菜 呢？恐怕 南方人 又
Nàme jiǎozi néng bu néng dàibiǎo Zhōngguócài ne? Kǒngpà nánfāngrén yòu
不 会 同意。比起 饺子，上海人 更 爱 吃 馄饨，广东人
bú huì tóngyì. Bǐqǐ jiǎozi, Shànghǎirén gèng ài chī húntun, Guǎngdōngrén
更 爱 吃 烧卖，各个 地方 有 各个 地方 的 喜爱。
gèng ài chī shāomài, gègè dìfang yǒu gègè dìfang de xǐ'ài.

那 到底 什么 菜 最 能 代表 中国菜 呢？有 人 说
Nà dàodǐ shénme cài zuì néng dàibiǎo Zhōngguócài ne? Yǒu rén shuō
是 米饭。你 觉得 呢？
shì mǐfàn. Nǐ juéde ne?

不 可能 吧！米饭 不 是 菜，是 主食。日本人 也 爱
Bù kěnéng ba! Mǐfàn bú shì cài, shì zhǔshí. Rìběnrén yě ài
吃 米饭 啊。而且 听说 山东人 爱 吃 馒头，山西人 爱 吃
chī mǐfàn a. Érqiě tīngshuō Shāndōngrén ài chī mántou, Shānxīrén ài chī
面条，他们 都 不 常 吃 米饭 呢。
miàntiáo, tāmen dōu bù cháng chī mǐfàn ne.

说来 说去，没 有 一样 菜 能 代表 中国菜 吗？
Shuōlái shuōqù, méi yǒu yíyàng cài néng dàibiǎo Zhōngguócài ma?

唉！中国那么大，吃的东西当然各地不一样，
Ài! Zhōngguó nàme dà, chī de dōngxi dāngrán gè dì bù yíyàng,
真没办法选出一样最有代表性的中国菜来。
zhēn méi bànfǎ xuǎnchū yíyàng zuì yǒu dàibiǎoxìng de Zhōngguócài lái.

1 说起中国菜，一般人会想起什么菜？
Shuōqǐ Zhōngguócài, yìbān rén huì xiǎngqǐ shénme cài?

2 北京人爱吃烤鸭，上海人爱吃什么？
Běijīngrén ài chī kǎoyā, Shànghǎirén ài chī shénme?

3 四川菜的口味怎么样？
Sìchuāncài de kǒuwèi zěnmeyàng?

4 说起四川菜，你会想起什么菜来？
Shuōqǐ Sìchuāncài, nǐ huì xiǎngqǐ shénme cài lái?

5 比起饺子，广东人更爱吃什么？
Bǐqǐ jiǎozi, Guǎngdōngrén gèng ài chī shénme?

6 你觉得米饭能不能代表中国菜？为什么？
Nǐ juéde mǐfàn néng bu néng dàibiǎo Zhōngguócài? Wèi shénme?

7 为什么没办法选出一样有代表性的中国菜来呢？
Wèi shénme méi bànfǎ xuǎnchū yíyàng yǒu dàibiǎoxìng de Zhōngguócài lái ne?

练习 liànxí

1. 音声を聞いて、文のピンインと漢字を書き、日本語に訳しなさい。

　① _____

　② _____

　③ _____

2. 次の文を中国語に訳し、ピンインを書きなさい。

　① このことは学長に聞いてください。私は答えられない。

　② 今日は 5 時間も残業したので、死ぬほど疲れた。

　③ 日本人はスポーツといえば、大体、皆、野球が頭に浮かぶでしょう。

3. 次のピンインを読んで、漢字に直し、日本語に訳しなさい。

　① Zhème duō gōngzuò, méi bànfǎ, jīnwǎn děi jiābān le.

　② Tā jiā de gǒu sǐ de shíhou, tā shāngxīnsǐ le.

　③ Shuōqǐ Guǎngdǎo, hěn duō rén dōu huì xiǎngqǐ yuánzǐdàn.

第 2 课 中国的饮料
Dì èr kè Zhōngguó de yǐnliào

会 话 huìhuà 10

李红：**上次** 我们 谈了 吃 的，今天 我们 来 谈谈 喝
Shàngcì wǒmen tánle chī de, jīntiān wǒmen lái tántan hē
的 吧。
de ba.

王伟：中国 有 **各种 各样** 的 饮料。你 说 最 有 代表性
Zhōngguó yǒu gèzhǒng gèyàng de yǐnliào. Nǐ shuō zuì yǒu dàibiǎoxìng
的 饮料 是 什么？
de yǐnliào shì shénme?

李红：青岛 **啤酒** 吧！大家 都 知道，**连** 日本人 **都** 爱 喝。
Qīngdǎo píjiǔ ba! Dàjiā dōu zhīdào, lián Rìběnrén dōu ài hē.

王伟：啤酒 不 是 中国 **传统** 的 饮料，不 能 代表
Píjiǔ bú shì Zhōngguó chuántǒng de yǐnliào, bù néng dàibiǎo
中国。
Zhōngguó.

李红：那 肯定 是 茶 了。中国 是 茶 的 **原产地** 呢。
Nà kěndìng shì chá le. Zhōngguó shì chá de yuánchǎndì ne.

王伟：**据说** 在 **公元前** 几 千 年，中国人 **就 把** 茶 当作
Jùshuō zài gōngyuánqián jǐ qiān nián, Zhōngguórén jiù bǎ chá dàngzuò
药 了。到了 公元前 200 多 年 的 秦 汉 时代，
yào le. Dàole gōngyuánqián liǎngbǎi duō nián de Qín Hàn shídài,
就 把 茶 当作 饮料，到 现在 已经 有 两千 多
jiù bǎ chá dàngzuò yǐnliào, dào xiànzài yǐjīng yǒu liǎngqiān duō

年 喝 茶 的 历 史 了。
nián hē chá de lìshǐ le.

李红：我 还 听说 中国茶 的 **种类** 特别 **繁多**。有 绿茶、
Wǒ hái tīngshuō Zhōngguóchá de zhǒnglèi tèbié fánduō. Yǒu lǜchá,

红茶、 黑茶、 白茶、 青茶 什么的。
hóngchá, hēichá, báichá, qīngchá shénmede.

王伟：那 茉莉花茶 和 乌龙茶 **属于** 什么 茶 啊？
Nà Mòlihuāchá hé Wūlóngchá shǔyú shénme chá a?

李红：茉莉花茶 属于 加工 的 花茶，乌龙茶 属于 青茶。
Mòlihuāchá shǔyú jiāgōng de huāchá, Wūlóngchá shǔyú qīngchá.

王伟：那么 多 种 茶，你 知道 一般 中国人 最 喜欢 喝
Nàme duō zhǒng chá, nǐ zhīdào yìbān Zhōngguórén zuì xǐhuan hē

什么 茶 吗？
shénme chá ma?

词汇 cíhuì

1 上次 shàngcì：前回
2 各种各样 gèzhǒng gèyàng：いろいろ
3 啤酒 píjiǔ：ビール
4 传统 chuántǒng：伝統、伝統的な
5 原产地 yuánchǎndì：原産地
6 据说 jùshuō：…によると…だそうだ
7 公元前 gōngyuánqián：紀元前
8 当作 dàngzuò：…とみなす
9 种类 zhǒnglèi：種類
10 繁多 fánduō：繁雑で多い
11 什么的 shénmede：などなど
12 属于 shǔyú：…に属する

语法点 yǔfǎdiǎn

1. 连…都… lián…dōu…：「…さえも…」。"连…也…" も同じ。

① 这个问题很简单，连小学生都能回答。
Zhèige wèntí hěn jiǎndān, lián xiǎoxuéshēng dōu néng huídá.

② 王教授对日本文学很有研究，连日本学者也很佩服他。
Wáng jiàoshòu duì Rìběn wénxué hěn yǒu yánjiū, lián Rìběn xuézhě yě hěn pèifu tā.

③ 今天忙死我了，连吃饭的时间都没有。
Jīntiān mángsǐ wǒ le, lián chī fàn de shíjiān dōu méi yǒu.

2. 就 jiù：①すぐに　②…なら

2.1「すぐに」。ある動作の後、「すぐに…をする」。

① 你到了北京就给我发邮件。
Nǐ dàole Běijīng jiù gěi wǒ fā yóujiàn.

② 昨天他回了家就做作业了。
Zuótiān tā huíle jiā jiù zuò zuòyè le.

2.2「…なら」。前半の仮定文を受けて「…なら…をする」。後半の文頭に主語があれば、主語の後に使う。

③ 我有钱就去中国留学。
Wǒ yǒu qián jiù qù Zhōngguó liúxué.

④ 有时间我就去找你。
Yǒu shíjiān wǒ jiù qù zhǎo nǐ.

3. 把 bǎ：「…を…」。特定の人や物をどのように対処するか、処理するかという時に使う。単独の動詞と一緒に使えず、必ず「動詞＋補語／"了"」あるいは「動詞の重ね型」と使う。否定詞、助動詞、副詞は"把"の前に置く。

3.1 「…をどこどこに…する」。動詞はよく補語の"在"と一緒に使う。

① 请你把这本书放在桌子上。
Qǐng nǐ bǎ zhèi běn shū fàngzài zhuōzishang.

② 我没把我的衣服挂在墙上啊！
Wǒ méi bǎ wǒ de yīfu guàzài qiángshang a!

3.2 「…を誰々に…する」。動詞はよく補語の"给"と一緒に使う。

③ 我已经把那些旧杂志交给李明了。
Wǒ yǐjīng bǎ nèixiē jiù zázhì jiāogěi Lǐ Míng le.

④ 他不会把那个东西送给你的。
Tā bú huì bǎ nèige dōngxi sònggěi nǐ de.

3.3 「誰々を…とみなす」。動詞はよく補語の"成"、"作"、"着"と一緒に使う。

⑤ 中国人把有钱人的孩子叫作"富二代"。
Zhōngguórén bǎ yǒuqián rén de háizi jiàozuò "Fù'èrdài".

⑥ 王老师把他的学生都当成自己的孩子。
Wáng lǎoshī bǎ tā de xuésheng dōu dàngchéng zìjǐ de háizi.

3.4 「…を…してしまった」。思いがけないよくない出来事の時に使う。

⑦ 对不起，我把你的杯子打破了。
Duìbuqǐ, wǒ bǎ nǐ de bēizi dǎpò le.

⑧ 别生气，他没把你的电脑弄坏啊。
Bié shēngqì, tā méi bǎ nǐ de diànnǎo nònghuài a.

理解问答 lǐjiě wèndá 15

中国 有 各种 各样 的 饮料，到底 什么 最 能 代表
Zhōngguó yǒu gèzhǒng gèyàng de yǐnliào, dàodǐ shénme zuì néng dàibiǎo

中国 饮料 呢？
Zhōngguó yǐnliào ne?

有 人 说 是 茅台酒，有 人 说 是 青岛 啤酒，也 有
Yǒu rén shuō shì máotáijiǔ, yǒu rén shuō shì Qīngdǎo píjiǔ, yě yǒu

人 说 是 乌龙茶。不管 怎么 说，说 茶 是 中国 饮料 的
rén shuō shì Wūlóngchá. Bùguǎn zěnme shuō, shuō chá shì Zhōngguó yǐnliào de

代表，恐怕 没 人 会 反对。为 什么 呢？因为 中国 是
dàibiǎo, kǒngpà méi rén huì fǎnduì. Wèi shénme ne? Yīnwèi Zhōngguó shì

茶 的 原产地，而且 中国 饮茶 的 历史 也 很 悠久。早
chá de yuánchǎndì, érqiě Zhōngguó yǐnchá de lìshǐ yě hěn yōujiǔ. Zǎo

在 公元前 几 千 年，中国人 就 把 茶 当作 药物。到了
zài gōngyuánqián jǐ qiān nián, Zhōngguórén jiù bǎ chá dàngzuò yàowù. Dàole

秦朝 就 开始 把 茶 当作 饮料，到 现在 已经 有 两千
Qíncháo jiù kāishǐ bǎ chá dàngzuò yǐnliào, dào xiànzài yǐjīng yǒu liǎngqiān

多 年 饮茶 的 历史 了。
duō nián yǐnchá de lìshǐ le.

茶 在 中国 不但 历史 悠久，种类 也 特别 多。按
Chá zài Zhōngguó búdàn lìshǐ yōujiǔ, zhǒnglèi yě tèbié duō. Àn

制作 方法 的 不同，主要 分为 绿茶、红茶、黑茶、白茶、
zhìzuò fāngfǎ de bùtóng, zhǔyào fēnwéi lǜchá, hóngchá, hēichá, báichá,

黄茶、青茶 等 六 大 类。
huángchá, qīngchá děng liù dà lèi.

绿茶 是 不 发酵 的，主要 以 龙井茶 为 代表。红茶
Lǜchá shì bù fājiào de, zhǔyào yǐ Lóngjǐngchá wéi dàibiǎo. Hóngchá

是 全 发酵 的，主要 有 祁门 红茶。黑茶 是 后 发酵 的，
shì quán fājiào de, zhǔyào yǒu Qímén hóngchá. Hēichá shì hòu fājiào de,

主要 有 普洱茶，是 少数 民族 喜欢 喝 的 茶。白茶 是
zhǔyào yǒu Pǔ'ěrchá, shì shǎoshù mínzú xǐhuan hē de chá. Báichá shì

轻微 发酵 的，主要 有 银针茶。黄茶 是 轻 发酵 的，主要
qīngwēi fājiào de, zhǔyào yǒu Yínzhēnchá. Huángchá shì qīng fājiào de, zhǔyào

有 大叶 青茶。青茶 是 半 发酵 的，主要 有 乌龙茶。
yǒu Dàyè qīngchá. Qīngchá shì bàn fājiào de, zhǔyào yǒu Wūlóngchá.

另外 还 有 花茶 和 药茶，都 属于 加工茶。花茶 大多
Lìngwài hái yǒu huāchá hé yàochá, dōu shǔyú jiāgōngchá. Huāchá dàduō

用 绿茶 与 富有 香味 的 花 加工 制成，主要 有 茉莉花茶。
yòng lǜchá yǔ fùyǒu xiāngwèi de huā jiāgōng zhìchéng, zhǔyào yǒu Mòlihuāchá.

药茶 是 用 各种 各样 的 茶 加上 中草药 加工 制成，主要
Yàochá shì yòng gèzhǒng gèyàng de chá jiāshàng zhōngcǎoyào jiāgōng zhìchéng, zhǔyào

有 减肥茶。
yǒu jiǎnféichá.

在 那么 多 种 茶 之 中，绿茶 的 产量 最 多，也
Zài nàme duō zhǒng chá zhī zhōng, lǜchá de chǎnliàng zuì duō, yě

是 一般 中国人 最 爱 喝 的 茶。
shì yìbān Zhōngguórén zuì ài hē de chá.

1 茶的原产地是哪一个国家？
Chá de yuánchǎndì shì nǎ yí ge guójiā?

2 中国饮茶的历史有多久了？
Zhōngguó yǐnchá de lìshǐ yǒu duō jiǔ le?

3 中国喝茶的习惯是从什么时候开始的？
Zhōngguó hē chá de xíguàn shì cóng shénme shíhou kāishǐ de?

4 中国茶按制作方法区分的话，主要可分为几种？
Zhōngguóchá àn zhìzuò fāngfǎ qūfēn de huà, zhǔyào kě fēnwéi jǐ zhǒng?

5 乌龙茶和茉莉花茶属于什么茶？
Wūlóngchá hé Mòlihuāchá shǔyú shénme chá?

6 在各种茶叶之中，哪一种茶的产量最多？
Zài gèzhǒng cháyè zhī zhōng, nǎ yì zhǒng chá de chǎnliàng zuì duō?

7 在各种茶叶之中，一般中国人最喜欢喝什么茶？
Zài gèzhǒng cháyè zhī zhōng, yìbān Zhōngguórén zuì xǐhuan hē shénme chá?

练习 liànxí

1. 音声を聞いて、文のピンインと漢字を書き、日本語に訳しなさい。

   ①

   ②

   ③

2. 次の文を中国語に訳し、ピンインを書きなさい。

   ① これらの漢字は難しい。中国語の先生さえも意味が分からない。

   ② あなたは知らないなら、適当に言わないでください。

   ③ あなたがくれた絵を部屋に掛けています。（"把" を使ってください）

3. 次のピンインを読んで、漢字に直し、日本語に訳しなさい。

   ① Tā zuótiān huí jiā hòu jiù mǎshàng gěi tā lǎoshī fā yóujiàn le.

   ② Qǐng bié bǎ nǐ de hùzhào fàngzài xínglixiāng li.

   ③ Zhèi jiàn shì dàjiā dōu bù zhīdào, lián tā de fùmǔ dōu bù zhīdào.

第 3 课　中国的糕点
Dì sān kè　Zhōngguó de gāodiǎn

会话 huìhuà

刘健：来，尝尝 我 在 中国 买 的 **糕点**，**挺** 好吃 **的**。
　　　Lái, chángchang wǒ zài Zhōngguó mǎi de gāodiǎn, tǐng hǎochī de.

田中：这 是 什么 呀？ 很 像 日本 的 **黄豆粉** 糕。
　　　Zhè shì shénme ya? Hěn xiàng Rìběn de huángdòufěn gāo.

刘健：这 是 北京 有名 的 糕点， 叫 驴打滚。 驴 指 的
　　　Zhè shì Běijīng yǒumíng de gāodiǎn, jiào lǘdǎgǔn. Lǘ zhǐ de
　　　是 驴子，**打滚** 是 指 在 地上 滚来 滚去。 是 说
　　　shì lǘzi, dǎgǔn shì zhǐ zài dìshang gǔnlái gǔnqù. Shì shuō
　　　这个 糕点 像 驴子 在 地上 滚 得 满身 黄泥
　　　zhèige gāodiǎn xiàng lǘzi zài dìshang gǔn de mǎnshēn huángní
　　　一样。
　　　yíyàng.

田中：这个 名字 不 太 好听， 不过 还 挺 好吃 的。
　　　Zhèige míngzi bú tài hǎotīng, búguò hái tǐng hǎochī de.

刘健：外边儿 这 层 是 黄豆粉，**里头** 有 **豆沙** **馅儿**。 来，
　　　Wàibiānr zhèi céng shì huángdòufěn, lǐtou yǒu dòushā xiànr. Lái,
　　　再 吃 一 个， 我们 **边** 吃 **边** 聊。
　　　zài chī yí ge, wǒmen biān chī biān liáo.

田中：你 到 上海、 天津 没 吃 别 的 糕点 吗？
　　　Nǐ dào Shànghǎi、 Tiānjīn méi chī bié de gāodiǎn ma?

刘健：吃 了。上海 的 芝麻酥、绿豆酥 都 很 好吃，天津
　　　Chī le. Shànghǎi de zhīmasū、lǜdòusū dōu hěn hǎochī, Tiānjīn
　　　的 大 麻花 也 很 不错。
　　　de dà máhuā yě hěn búcuò.

田中：听说 中国 各 地 有 很 多 名字 很 奇怪 的
　　　Tīngshuō Zhōngguó gè dì yǒu hěn duō míngzi hěn qíguài de
　　　糕点，比如 说 "老婆饼"、"开口笑" 什么的。
　　　gāodiǎn, bǐrú shuō "lǎopobǐng"、"kāikǒuxiào" shénmede.

刘健：你 知道 老婆饼 是 什么样 的 糕点 吗？
　　　Nǐ zhīdào lǎopobǐng shì shénmeyàng de gāodiǎn ma?

田中：知道，我 吃过。开始 我 以为 是 老婆婆 做 的
　　　Zhīdào, wǒ chīguo. Kāishǐ wǒ yǐwéi shì lǎopópo zuò de
　　　饼，后来 才 知道 老婆 是 妻子 的 意思，老婆饼
　　　bǐng, hòulái cái zhīdào lǎopo shì qīzi de yìsi, lǎopobǐng
　　　是 说 妻子 做 的 很 好吃 的 饼，不 是 老婆婆
　　　shì shuō qīzi zuò de hěn hǎochī de bǐng, bú shì lǎopópo
　　　做 的 饼。
　　　zuò de bǐng.

19.

词汇 cíhuì

1　糕点 gāodiǎn：お菓子と軽食の総称。"糕"はケーキ、菓子類。"点"は春巻きなどの軽食
2　黄豆粉 huángdòufěn：きな粉
3　打滚 dǎgǔn：のた打ち回る
4　里头 lǐtou：中。"头"は方位詞の接尾詞。"上头""下头""外头"
5　豆沙 dòushā：小豆のあん
6　馅儿 xiànr：菓子、餃子などのあん、具
7　聊 liáo：おしゃべりする
8　酥 sū：ほろほろと柔らかく、口に入れるとすぐとけるお菓子
9　麻花 máhuā：かりんとうのように油で揚げたお菓子
10　奇怪 qíguài：おかしい
11　老婆 lǎopo：妻、奥さん。夫は"老公 lǎogōng"
12　才 cái：やっと、ようやく

语法点 yǔfǎdiǎn

1. "挺 tǐng" ＋形容詞／感情動詞＋"的 de"：「なかなか」

① 这个咖啡挺香的，很好喝。你在哪儿买的?
　 Zhèige kāfēi tǐng xiāng de, hěn hǎohē. Nǐ zài nǎr mǎi de?

② 我觉得昨天的考试挺难的，你觉得呢？
　 Wǒ juéde zuótiān de kǎoshì tǐng nán de, nǐ juéde ne?

③ 这个演员，我挺喜欢的。
　 Zhèige yǎnyuán, wǒ tǐng xǐhuan de.

2. "边 biān" ＋動詞₁＋"边 biān" ＋動詞₂：「…をしながら、…をする」

① 他常常边喝咖啡边上网。
　 Tā chángcháng biān hē kāfēi biān shàng wǎng.

② 我妈妈不喜欢我们边吃饭边看电视。
　 Wǒ māma bù xǐhuan wǒmen biān chī fàn biān kàn diànshì.

③ 在街上边走边打手机，我觉得太危险了。
　 Zài jiēshang biān zǒu biān dǎ shǒujī, wǒ juéde tài wēixiǎn le.

3. 以为 yǐwéi：「…と思った」
　 认为 rènwéi：「…と思う」

① 我以为他是中国人，原来他是韩国人。
　 Wǒ yǐwéi tā shì Zhōngguórén, yuánlái tā shì Hánguórén.

② 大家都以为她不来，没想到她来了。
　 Dàjiā dōu yǐwéi tā bù lái, méi xiǎngdào tā lái le.

③ 我认为世界上爱是最重要的。你呢?
　 Wǒ rènwéi shìjièshang ài shì zuì zhòngyào de. Nǐ ne?

④ 你认为家庭教育重要还是学校教育重要?
　 Nǐ rènwéi jiātíng jiàoyù zhòngyào háishi xuéxiào jiàoyù zhòngyào?

第 3 课 —— 21

理解问答 lǐjiě wèndá 23

中国全国各地都有各种各样香甜美味的糕饼点心，深受各地人民和外国朋友的喜爱。比如北京的驴打滚、上海的芝麻酥、天津的大麻花等都很受欢迎。

北京有名的糕点驴打滚，名字很奇怪，但是很好吃。外边儿那层黄豆粉像黄泥，里头那块糕像驴子的颜色，就像驴子在地上滚得满身黄泥一样，所以叫作驴打滚。

有些中国糕点取名很有意思，除了北京的驴打滚以外，还有"开口笑"、"老婆饼"什么的。第一次听的话，真的很难想像出是什么糕点。

中国最有特色的糕点，恐怕就是酥了。酥是一种用面粉制成的点心，皮松易碎。全国各地都有各自特色的酥。比如四川的椒盐花生酥、上海的芝麻酥、台湾的凤梨酥等。其他还有什么

枣泥酥、栗子酥、豆沙酥 等等。

中国的糕点各地不一样，有些名字虽然相同，但做法和味道也有差别。以后到中国旅游的时候，请你尽量尝尝各种不同口味的中国糕点吧。

1 北京、上海有哪些有名的糕点？

2 天津有名的糕点是什么？

3 驴打滚是中国什么地方的传统糕点？ 为什么叫驴打滚？

4 中国有哪些名字古怪的糕点？

5 中国最有特色的糕点是什么？

6 酥是一种什么样的糕点？

7 中国各地有各种各样酥的糕点，请举出五种酥来。

练 习 liànxí

25 **1.** 音声を聞いて、文のピンインと漢字を書き、日本語に訳しなさい。

① _____

② _____

③ _____

2. 次の文を中国語に訳し、ピンインを書きなさい。

① 私はそれが北京のお菓子だと思いましたが、間違いでした。それは天津のお菓子です。

② 田中さんは音楽を聴きながら勉強するのが好きです。

③ あそこの冬はとても寒いので、行かないほうがいいと思う。（挺…的）

3. 次のピンインを読んで、漢字に直し、日本語に訳しなさい。

① Nèi jiā gāodiǎn diàn de píngguǒsū tǐng hǎochī de. Nǐ chīguo méi yǒu?

② Tiánzhōng hěn xǐhuan biān sànbù biān xiǎng wèntí.

③ Nǐ rènwéi chúle zhèige yīnsù, hái yǒu méi yǒu qítā yīnsù ne?

第 4 课
Dì sì kè

中国的体育
Zhōngguó de tǐyù

会 话 huìhuà

伊藤：一 说起 中国 的 体育 运动，日本人 都 会 说 是
　　　Yì shuōqǐ Zhōngguó de tǐyù yùndòng, Rìběnrén dōu huì shuō shì
　　　乒乓球。
　　　pīngpāngqiú.

陈勇：没 错，中国 乒乓球 太 厉害 了，简直 是 天下
　　　Méi cuò, Zhōngguó pīngpāngqiú tài lìhai le, jiǎnzhí shì tiānxià
　　　无敌。
　　　wúdí.

伊藤：除了 乒乓球，中国 最 受 欢迎 的 运动 是 什么
　　　Chúle pīngpāngqiú, Zhōngguó zuì shòu huānyíng de yùndòng shì shénme
　　　呢？
　　　ne?

陈勇：我 看 是 羽毛球 或 篮球 吧。每 到 傍晚，很
　　　Wǒ kàn shì yǔmáoqiú huò lánqiú ba. Měi dào bàngwǎn, hěn
　　　多 校园 和 工厂 的 空地 都 有 人 在 打 羽毛球
　　　duō xiàoyuán hé gōngchǎng de kòngdì dōu yǒu rén zài dǎ yǔmáoqiú
　　　或 篮球。
　　　huò lánqiú.

伊藤：足球 怎么样 呢？在 日本，足球 很 受 欢迎，
　　　Zúqiú zěnmeyàng ne? Zài Rìběn, zúqiú hěn shòu huānyíng,
　　　中国人 喜欢 踢 足球 吗？
　　　Zhōngguórén xǐhuan tī zúqiú ma?

陈勇：喜欢 是 喜欢，不过 可能 只 喜欢 看，不 太 喜欢
Xǐhuan shì xǐhuan, búguò kěnéng zhǐ xǐhuan kàn, bú tài xǐhuan
踢。
tī.

伊藤：你 说 的 都 是 年轻 人 喜欢 的 运动，年纪 大
Nǐ shuō de dōu shì niánqīng rén xǐhuan de yùndòng, niánjì dà
的 人 喜欢 什么 运动 呢？
de rén xǐhuan shénme yùndòng ne?

陈勇：中老年 人 以前 喜欢 打 太极拳，现在 都 喜欢
Zhōnglǎonián rén yǐqián xǐhuan dǎ tàijíquán, xiànzài dōu xǐhuan
跳 广场舞 了。
tiào guǎngchǎngwǔ le.

伊藤：对 对！听说 现在 很 多 中老年 人 吃了 晚饭
Duì duì! Tīngshuō xiànzài hěn duō zhōnglǎonián rén chīle wǎnfàn
后，都 喜欢 在 家 附近 的 广场上 一起 跳舞。
hòu, dōu xǐhuan zài jiā fùjìn de guǎngchǎngshang yìqǐ tiàowǔ.

陈勇：老年 人 跳舞 锻炼 身体 是 好 事，可是 听说 很
Lǎonián rén tiàowǔ duànliàn shēntǐ shì hǎo shì, kěshì tīngshuō hěn
多 人 被 广场舞 的 音乐 吵 得 不 能 休息 呢。
duō rén bèi guǎngchǎngwǔ de yīnyuè chǎo de bù néng xiūxi ne.

词汇 cíhuì

1 厉害 lìhai：すごい
2 简直 jiǎnzhí：まったく、まるで
3 天下无敌 tiānxià wúdí：天下無敵
4 看 kàn：…と思う
5 羽毛球 yǔmáoqiú：バドミントン
6 傍晚 bàngwǎn：夕方
7 工厂 gōngchǎng：工場
8 年轻 niánqīng：若い
9 年纪 niánjì：とし、年齢
10 太极拳 tàijíquán：太極拳
11 广场舞 guǎngchǎngwǔ：広場、空き地などで楽しみや、運動としてする集団の踊り
12 一起 yìqǐ：一緒に

语法点 yǔfǎdiǎn

1. 動詞＋"是"＋動詞，"不过 búguò／可是 kěshì"…：「することはするが…」「したことはしたが…」

形容詞＋"是"＋形容詞，"不过／可是"…：「…ことは…だが…」

① 学是学，不过学得不好。
　　Xué shì xué, búguò xué de bù hǎo.

② 学了是学了，可是都忘了。
　　Xuéle shì xué le, kěshì dōu wàng le.

③ 便宜是便宜，不过不好吃。
　　Piányi shì piányi, búguò bù hǎochī.

2. 除了…，chúle…，

2.1 除了…，（都）：「…を除いて」「…を除けば」

① 除了乒乓球，他什么运动都不喜欢。
　　Chúle pīngpāngqiú, tā shénme yùndòng dōu bù xǐhuan.

② 他除了猪肉，其他什么肉都不敢吃。
　　Tā chúle zhūròu, qítā shénme ròu dōu bù gǎn chī.

2.2 "除了"…，"还"＋動詞：「…以外、ほかにまだ…がある／いる」

③ 昨天没来的除了中山，还有田中和山下。
　　Zuótiān méi lái de chúle Zhōngshān, hái yǒu Tiánzhōng hé Shānxià.

④ 他除了会说汉语，还会说英语、法语。
　　Tā chúle huì shuō Hànyǔ, hái huì shuō Yīngyǔ、Fǎyǔ.

3. 被 bèi：主に被害の受け身を表す前置詞で、「…に…される」の意味。動作を受ける人や物は"被"の前に置き、動作をするものは"被"の後に置く。動作主が省略されることもある。

① 我被（老师）批评了。
　　Wǒ bèi (lǎoshī) pīpíng le.

② 我的钱包被（人）偷了。
　　Wǒ de qiánbāo bèi (rén) tōu le.

③ 很多树都被（台风）刮倒了。
　　Hěn duō shù dōu bèi (táifēng) guādǎo le.

理解问答 lǐjiě wèndá 31

中国 最 受 欢迎 的 体育 运动，不用 说，首 推 乒乓球。中国 乒乓球 队 最近 几 年 一直 在 世界 体坛上 称霸，简直 是 天下 无敌。

除了 乒乓球 以外，羽毛球 和 篮球 也 很 受 欢迎。午休 时，很 多 工厂 空地 都 有 人 在 打 羽毛球。傍晚 时，校园里 的 篮球场 也 一定 有 不 少 人 在 打 篮球。

进入 21 世纪 后，足球 让 全 世界 疯狂，也 让 中国 人民 疯狂 起来 了。不论 男女 老少，都 被 世界杯 足球 赛 迷住 了。每 当 有 世界杯 赛 的 时候，马路上 车辆 和 行人 突然 都 少了 起来，大家 都 在 电视机 前 看 足球 赛 呢。电视上 的 体育台 天天 都 有 足球 赛 的 节目。不过，很 多 中国人 喜欢 看 足球 赛，但 并 不 一定 喜欢 踢 足球。

上述 的 乒乓球、羽毛球、篮球、足球，还 有 排球、网球，都 属于 运动量 较 大 的 运动，不 太 适合 中老年 人。

中国 的 中老年 人，过去 喜欢 打 太极拳，现在 大都 喜欢
Zhōngguó de zhōnglǎonián rén, guòqù xǐhuan dǎ tàijíquán, xiànzài dàdōu xǐhuan
跳 广场舞 了。广场舞 就 是 很 多 中老年 人 在 晚饭
tiào guǎngchǎngwǔ le. Guǎngchǎngwǔ jiù shì hěn duō zhōnglǎonián rén zài wǎnfàn
后， 聚集 在 家 附近 的 广场 或 公园， 随着 播放机 播放
hòu, jùjí zài jiā fùjìn de guǎngchǎng huò gōngyuán, suízhe bōfàngjī bōfàng
的 音乐， 一起 跳 的 舞。有些 跳 交际舞， 有些 跳 秧歌。
de yīnyuè, yìqǐ tiào de wǔ. Yǒuxiē tiào jiāojìwǔ, yǒuxiē tiào yāngge.
这 种 广场舞 虽 说 是 中老年 人 锻炼 身体 的 一 种
Zhèi zhǒng guǎngchǎngwǔ suī shuō shì zhōnglǎonián rén duànliàn shēntǐ de yì zhǒng
活动， 可是 由于 参加 人数 太 多， 音乐 太 吵闹， 引起了
huódòng, kěshì yóuyú cānjiā rénshù tài duō, yīnyuè tài chǎonào, yǐnqǐle
附近 居民 的 不满。这 已 成为了 一 个 社会 问题 了。
fùjìn jūmín de bùmǎn. Zhè yǐ chéngwéile yí ge shèhuì wèntí le.

1 中国最有人气的体育运动是什么？
Zhōngguó zuì yǒu rénqì de tǐyù yùndòng shì shénme?

2 中国什么运动在世界体坛上天下无敌？
Zhōngguó shénme yùndòng zài shìjiè tǐtánshang tiānxià wúdí?

3 除了乒乓球以外，中国人还喜欢什么体育运动？
Chúle pīngpāngqiú yǐwài, Zhōngguórén hái xǐhuan shénme tǐyù yùndòng?

4 中国人从什么时候开始喜欢看足球比赛的？
Zhōngguórén cóng shénme shíhou kāishǐ xǐhuan kàn zúqiú bǐsài de?

5 从什么地方可以看出中国人被世界杯足球赛迷住了？
Cóng shénme dìfang kěyǐ kànchū Zhōngguórén bèi shìjièbēi zúqiú sài mízhù le?

6 中老年人以前喜欢什么运动？ 现在又喜欢什么运动了？
Zhōnglǎonián rén yǐqián xǐhuan shénme yùndòng? Xiànzài yòu xǐhuan shénme yùndòng le?

7 广场舞为什么成为了一个社会问题了？
Guǎngchǎngwǔ wèi shénme chéngwéile yí ge shèhuì wèntí le?

练 习 liànxí

1. 音声を聞いて、文のピンインと漢字を書き、日本語に訳しなさい。

   ①

   ②

   ③

2. 次の文を中国語に訳し、ピンインを書きなさい。
   ① 刺身を除いて、ほかの日本料理は全部好きです。

   ② 彼はスマートフォンを持っていることは持っているが、あまりインターネットをしない。

   ③ 私が買って来たお菓子は弟に全部食べられてしまった。

3. 次のピンインを読んで、漢字に直し、日本語に訳しなさい。
   ① Tīngshuō Lǐ Míng zuótiān qí chē shí, bèi qìchē zhuàng le.

   ② Zúqiú wǒ xǐhuan shì xǐhuan, kěshì zhǐ xǐhuan kàn, bù xǐhuan tī.

   ③ Chúle Zhōngguó, qítā guójiā wǒ dōu méi qùguo.

复习1

一、次の中国語の正しいピンインを選びなさい。

1. 寿司：① shōusī　　② shòusī　　③ sōushī　　④ sòushī
2. 种类：① zhònglèi　② zhónglèi　③ zhǒnglèi　④ zhōnglèi
3. 传统：① chuántǒng　② zhuàntòng　③ chuàntōng　④ zhuāntòng
4. 饮料：① yìngliāo　② yíngliáo　③ yìnliào　④ yǐnliào
5. 足球：① zǔqiú　　② zúqiú　　③ zǔjiú　　④ zújiú

二、次の単語と同じ声調の組み合わせの単語を選びなさい。

1. 年轻：①运动　　②工厂　　③时间　　④篮球
2. 傍晚：①代表　　②恐怕　　③啤酒　　④公里
3. 突然：①公元　　②产地　　③颜色　　④奇怪
4. 糕点：①听说　　②及格　　③简直　　④英语
5. 广场：①体育　　②年纪　　③可以　　④其他

三、空欄に最も適当なものを選びなさい。

1. 他的英语说得很（　　），连美国人都佩服他。
   ①没错　　②不错　　③简直　　④肯定

2. 我（　　）她回家了，没想到她还在加班。
   ①想　　②觉得　　③以为　　④认为

3. 这件事（　　）了，你快去找经理来处理吧。
   ①没办法　②没问题　③没意见　④没事儿

4. 除了学习英语，他们（　　）得学习汉语或其他外语。
   ①还　　②都　　③再　　④就

5. 这些菜都是她做的，你（　　）多吃点儿。
   ①在　　②再　　③还　　④又

四、日本語の意味に合う中国語を選びなさい。

1. 私のパソコンを壊さないで。
   ①你别把我的电脑弄坏了。
   ②你把我的电脑别弄坏了。
   ③你别把我的电脑坏了。
   ④你把我的电脑别坏了。

2. 昨日家に帰ったら、すぐ宿題をした。
   ①昨天我回了家就做作业了。
   ②昨天我回家了就做作业了。
   ③我昨天回家了就做作业了。
   ④我昨天回了家就做了作业。

3. 私は自転車を盗まれた。
   ①我被人偷了自行车了。
   ②我的自行车被人偷了。
   ③他被我的自行车偷了。
   ④他被偷了我的自行车。

4. 鍋料理を除き、どんな四川料理も好きです。
   ①除了火锅，什么四川菜我都喜欢。
   ②除了火锅，什么四川菜也我喜欢。
   ③我除了火锅，四川菜什么都喜欢。
   ④我除了火锅以外，四川菜什么也喜欢。

5. 彼は明日着くと思ったが、なぜ今日もう着いたの？
   ①我以为他明天到，怎么今天就到了？
   ②我认为他明天到，怎么今天就到了？
   ③我想他明天到，今天怎么就到了？
   ④我觉得他明天到，今天怎么到了？

五、日本語の意味になるように、①〜④を並べ替えた時に（　）に入るものを選びなさい。

1. これらのお菓子の作り方は必ずしも同じとは限らない。
   这些糕点 ＿＿＿ ＿＿＿ （＿＿＿） ＿＿＿。
   ①一样　　　②不一定　　　③的　　　④做法

2. おじいちゃんは広場ダンスを5年やったが、今はやめた。
   我爷爷 ＿＿＿ （＿＿＿） ＿＿＿ ＿＿＿，现在不跳了。
   ①跳　　　②五年　　　③广场舞　　　④了

3. 心配しないで、彼にはこのことを言わないよ。
   你放心，我（＿＿＿）＿＿＿ ＿＿＿ ＿＿＿。
   ①告诉他　　　②把　　　③这件事　　　④不会

4. 彼は足を踏まれた。
   他（＿＿＿）＿＿＿ ＿＿＿ ＿＿＿ 了。
   ①被　　　②的　　　③脚　　　④踩

5. 招待することは招待したが、彼が来ないなら、しょうがないよ。
   请是请了，可是 ＿＿＿ ＿＿＿ （＿＿＿） ＿＿＿ 啊。
   ①也　　　②不来　　　③没办法　　　④他

第5课　中国的自然地理
Dì wǔ kè　　Zhōngguó de zìrán dìlǐ

会话 huìhuà

孙燕：你　知道　中国　面积　有　多　大　吗？
　　　Nǐ　zhīdào　Zhōngguó　miànjī　yǒu　duō　dà　ma?

木村：知道，**大概　比**　日本　大　二十四　倍　吧。有　九百
　　　Zhīdào, dàgài　bǐ　Rìběn　dà　èrshisì　bèi　ba. Yǒu　jiǔbǎi
　　　六十万　平方　公里。
　　　liùshíwàn　píngfāng　gōnglǐ.

孙燕：**没　错**，面积　很　大，可是　山地　和　高原　很　多，
　　　Méi　cuò, miànjī　hěn　dà, kěshì　shāndì　hé　gāoyuán　hěn　duō,
　　　几乎　占了　全　国　面积　的　三　分　之　二。
　　　jīhū　zhànle　quán　guó　miànjī　de　sān　fēn　zhī　èr.

木村：**那么**　多　啊！**那**　平原　很　少　吧？
　　　Nàme　duō　a!　Nà　píngyuán　hěn　shǎo　ba?

孙燕：是的。那些　山地、高原　都　集中在　西部，形成　西
　　　Shìde. Nèixiē　shāndì、gāoyuán　dōu　jízhōngzài　xībù, xíngchéng　xī
　　　高　东　低，河流　都　**往**　东　流进　太平洋。
　　　gāo　dōng　dī, héliú　dōu　wǎng　dōng　liújìn　Tàipíngyáng.

木村：**怪不得**　长江、黄河、黑龙江、珠江　等　主要　河流
　　　Guàibude　Chángjiāng、Huánghé、Hēilóngjiāng、Zhūjiāng　děng　zhǔyào　héliú
　　　都　是　由　西　往　东　流。
　　　dōu　shì　yóu　xī　wǎng　dōng　liú.

孙燕：那， 中国 的 气候 怎么样？ 你 知道 吗？
　　　Nà, Zhōngguó de qìhòu zěnmeyàng? Nǐ zhīdào ma?

木村：中国 那么 大，各 地 气候 一定 不 同 吧。
　　　Zhōngguó nàme dà, gè dì qìhòu yídìng bù tóng ba.

孙燕：对， 东西 南北， **差异** 很 大。北方 **严寒**，南方
　　　Duì, dōngxī nánběi, chāyì hěn dà. Běifāng yánhán, nánfāng
　　　暖和， 西部 **干燥**， 东部 **潮湿**。
　　　nuǎnhuo, xībù gānzào, dōngbù cháoshī.

木村：差异 那么 大 啊， 那 生活 习惯 一定 也 很 不
　　　Chāyì nàme dà a, nà shēnghuó xíguàn yídìng yě hěn bù
　　　一样。
　　　yíyàng.

词汇 cíhuì

1　大概 dàgài：大体
2　没错 méi cuò：その通り、間違いない
3　几乎 jīhū：ほとんど
4　那 nà：それでは
5　平原 píngyuán：平野
6　往 wǎng：…へ

7　等 děng：など
8　一定 yídìng：きっと、必ず
9　差异 chāyì：差異、違い
10　严寒 yánhán：寒さが厳しい
11　干燥 gānzào：乾燥している
12　潮湿 cháoshī：湿っぽい

语法点 yǔfǎdiǎn

1. 比較文「A "比 bǐ" B ＋形容詞」：「A は B より＋形容詞」

形容詞の後に具体的な数量詞、あるいは量を表す"一点儿"（少し）、"得多"（ずいぶん）が使える。形容詞の前に"很""非常""太"などが使えない。"更"などが使える。否定は"比"を使わず、"没"を使う。

① 我比他高。
   Wǒ bǐ tā gāo.

② 我比他高五公分。
   Wǒ bǐ tā gāo wǔ gōngfēn.

③ 我比他高一点儿。
   Wǒ bǐ tā gāo yìdiǎnr.

④ 我比他高得多。
   Wǒ bǐ tā gāo de duō.

⑤ 我已经很高了，李伟比我更高。
   Wǒ yǐjīng hěn gāo le, Lǐ Wěi bǐ wǒ gèng gāo.

⑥ 他没我高。
   Tā méi wǒ gāo.

2. "这么 zhème ／那么 nàme" ＋形容詞：「こんなに／そんなに／あんなに＋形容詞」
"这么／那么" ＋動詞：「このように／そのように／あのように＋動詞」

① 今天怎么来了这么多人啊？
   Jīntiān zěnme láile zhème duō rén a?

② 他家那么远，咱们打的去吧。
   Tā jiā nàme yuǎn, zánmen dǎ dī qù ba.

③ 这个汉字应该这么写才对。
   Zhèige Hànzì yīnggāi zhème xiě cái duì.

④ 你那么说，他当然生气啊。
   Nǐ nàme shuō, tā dāngrán shēngqì a.

3. 怪不得 guàibude：①「どうりで」 ②「責めるわけにはいかない」

① 他在中国住了三年，怪不得汉语说得那么好。
Tā zài Zhōngguó zhùle sān nián, guàibude Hànyǔ shuō de nàme hǎo.

② 小王感冒了，怪不得今天没来上课。
Xiǎo Wáng gǎnmào le, guàibude jīntiān méi lái shàngkè.

③ 这个工作没做好，是领导的责任，怪不得李明。
Zhèige gōngzuò méi zuòhǎo, shì lǐngdǎo de zérèn, guàibude Lǐ Míng.

④ 学生学习成绩不好，怪不得老师。
Xuésheng xuéxí chéngjì bù hǎo, guàibude lǎoshī.

理解问答 lǐjiě wèndá

中国面积广大，约有九百六十万平方公里，相当于日本的二十五倍。南北长约五千五百多公里，东西长约五千公里。

中国虽然面积广大，可是山地多平原少。山地约占全国面积的三分之二，而且大多集中在西部，形成西高东低的地形。长江、黄河、黑龙江、珠江等主要河流都是由西往东流入太平洋。

中国由于面积广大，因此气候各地不一。一般来说，北方严寒，南方暖和，西部干燥，东部潮湿。具体的气候，各地还很不一样。比如同样是云南省的城市，昆明四季如春，可是丽江的冬天一点儿也不暖和。同是四川省，东部由于是盆地，属于亚热带气候，西部属于青藏高原的一部分，属于高山气候。

中国各地的气候真是千差万别，所以不能问现在中国的气候怎么样，应该问具体的地方。

比如说，现在北京的气候怎么样？现在重庆的气候怎么样？
Bǐrú shuō, xiànzài Běijīng de qìhòu zěnmeyàng? Xiànzài Chóngqìng de qìhòu zěnmeyàng?

1 中国的面积有多大？
Zhōngguó de miànjī yǒu duō dà?

2 中国的面积比日本大多少倍？
Zhōngguó de miànjī bǐ Rìběn dà duōshao bèi?

3 中国南北长约多少公里？
Zhōngguó nánběi cháng yuē duōshao gōnglǐ?

4 中国东西长约多少公里？
Zhōngguó dōngxī cháng yuē duōshao gōnglǐ?

5 中国山地约占全国面积的多少？
Zhōngguó shāndì yuē zhàn quán guó miànjī de duōshao?

6 中国有哪些主要河流？
Zhōngguó yǒu něixiē zhǔyào héliú?

7 一般来说，中国的气候怎么样？
Yìbān lái shuō, Zhōngguó de qìhòu zěnmeyàng?

练 习 liànxí

1. 音声を聞いて、文のピンインと漢字を書き、日本語に訳しなさい。

　① _____

　② _____

　③ _____

2. 次の文を中国語に訳し、ピンインを書きなさい。

　① 彼の中国語は私より、かなりうまいです。

　② 李先生は毎日あんなに忙しくて、休む時間があるのでしょうか。

　③ 田中さんはダイエット中ですか。道理で最近ちょっと痩せたみたい。

3. 次のピンインを読んで、漢字に直し、日本語に訳しなさい。

　① Tā nàme wǎn lái, guàibude tā nǚpéngyou shēngqì le.

　② Běijīng bǐ Shànghǎi gānzào de duō.

　③ Zhèige shǒujī méi nèige shǒujī piányi.

第6课 中国的行政区划

Dì liù kè　　Zhōngguó de xíngzhèng qūhuà

会话 huìhuà 42

赵英：森本，日本有多少个县级**行政区**，你知道吗？
Sēnběn, Rìběn yǒu duōshao ge xiàn jí xíngzhèngqū, nǐ zhīdào ma?

森本：四十七个啊，北海道、东京都、大阪府、京都府、**加上**广岛等四十三个县。
Sìshíqī ge a, Běihǎidào、Dōngjīng dū、Dàbǎn fǔ、Jīngdū fǔ、jiāshàng Guǎngdǎo děng sìshisān ge xiàn.

赵英：我觉得日本的县**相当于**中国的省。对了，你知道中国有多少个省级行政区吗？
Wǒ juéde Rìběn de xiàn xiāngdāng yú Zhōngguó de shěng. Duìle, nǐ zhīdào Zhōngguó yǒu duōshao ge shěng jí xíngzhèngqū ma?

森本：我知道，有三十四个，四个**直辖市**、五个**自治区**、两个特别行政区和二十三个省。
Wǒ zhīdào, yǒu sānshisì ge, sì ge zhíxiáshì、wǔ ge zìzhìqū、liǎng ge tèbié xíngzhèngqū hé èrshisān ge shěng.

赵英：好厉害啊！**了不起**。二十三个省都能**说出来**吗？
Hǎo lìhai a! Liǎobuqǐ. Èrshisān ge shěng dōu néng shuōchūlai ma?

森本：**哪儿**啊！我只记得四个直辖市是北京、
Nǎr a! Wǒ zhǐ jìde sì ge zhíxiáshì shì Běijīng、

上海、天津 和 重庆，其他 的 我 都 记**不了**。
Shànghǎi、Tiānjīn hé Chóngqìng, qítā de wǒ dōu jìbuliǎo.

赵英：两 个 特别 行政区 **好 记** 啊，香港 和 澳门。
Liǎng ge tèbié xíngzhèngqū hǎo jì a, Xiānggǎng hé Àomén.

森本：五 个 自治区 好像 是 五 个 少数 民族 的 **区域**，
Wǔ ge zìzhìqū hǎoxiàng shì wǔ ge shǎoshù mínzú de qūyù,

新疆、西藏、内蒙古，还 有 两 个 我 忘 了。
Xīnjiāng、Xīzàng、Nèiměnggǔ, hái yǒu liǎng ge wǒ wàng le.

赵英：是 宁夏 和 广西。那 二十三 个 省 呢？
Shì Níngxià hé Guǎngxī. Nà èrshisān ge shěng ne?

森本：我 只 **记得** 四川菜 的 四川，广东菜 的 广东，还
Wǒ zhǐ jìde Sìchuāncài de Sìchuān, Guǎngdōngcài de Guǎngdōng, hái

有 福建 和 台湾。
yǒu Fújiàn hé Táiwān.

词汇 cíhuì

1 行政区 xíngzhèngqū：行政区
2 加上 jiāshàng：加える
3 省 shěng：日本の県に当たる行政単位。例えば、四川省、河北省など、23 省ある
4 直辖市 zhíxiáshì：直轄市。直接国に管理される市。北京、上海、天津、重慶の4つ
5 自治区 zìzhìqū：少数民族が自治を実施する地区。チベット、内モンゴル、新疆ウイグル、寧夏回族、広西チワン族の5つ
6 好 hǎo：副詞は「とても」、形容詞は「よい」という意味

7 了不起 liǎobuqǐ：（ほめる言葉の）すごい
8 …出来 …chūlai：動詞の後に付いて「…ができる」。元々、動作によって出て来るという意味だが、「…できる」という意味もある。"说出来"は「言える」
9 哪儿啊 nǎr a：とんでもない
10 好记 hǎo jì：覚えやすい。"好"は副詞で「…しやすい」の意味
11 区域 qūyù：地域、区域
12 记得 jìde：覚えている

语法点 yǔfǎdiǎn

1. 相当于 xiāngdāng yú：「…に相当する」「…に当たる」

① 三千人民币相当于多少日元？
   Sānqiān Rénmínbì xiāngdāng yú duōshao Rìyuán?

② 那次地震，威力相当于三十枚原子弹。
   Nèi cì dìzhèn, wēilì xiāngdāng yú sānshí méi yuánzǐdàn.

③ 一天抽五包烟相当于慢性自杀。
   Yì tiān chōu wǔ bāo yān xiāngdāng yú mànxìng zìshā.

2. 只 zhǐ、只有 zhǐyǒu、只是 zhǐshì

2.1 "只"＋動詞：「…をするだけ」

① 他只吃菜，不吃肉。
   Tā zhǐ chī cài, bù chī ròu.

② 昨天我只学了汉语，没学习英语。
   Zuótiān wǒ zhǐ xuéle Hànyǔ, méi xuéxí Yīngyǔ.

2.2 "只有"＋名詞：「…しかない」「…だけ」

③ 我们班只有田中去过中国。
   Wǒmen bān zhǐyǒu Tiánzhōng qùguo Zhōngguó.

④ 那个问题只有他能解决。
   Nèige wèntí zhǐyǒu tā néng jiějué.

2.3 只是：「…に過ぎない」「…だけ」

⑤ 她只是我的朋友，不是我的女朋友。
   Tā zhǐshì wǒ de péngyou, bú shì wǒ de nǚpéngyou.

⑥ 我只是跟你开玩笑，别生气。
   Wǒ zhǐshì gēn nǐ kāi wánxiào, bié shēngqì.

3. 可能補語「動詞＋"得 de／不 bu"＋"了 liǎo"」

3.1 動詞によって、目的語の量がなくなるかどうか。

① 这么多饺子，你一个人吃得了吗?
Zhème duō jiǎozi, nǐ yí ge rén chīdeliǎo ma?

② 一瓶啤酒，我喝不了，她喝得了。
Yì píng píjiǔ, wǒ hēbuliǎo, tā hēdeliǎo.

3.2 条件によって動作が行われるかどうか。

③ 这个星期天你来得了来不了?
Zhèige xīngqītiān nǐ láideliǎo láibuliǎo?

④ 明天的会议，我参加不了。
Míngtiān de huìyì, wǒ cānjiābuliǎo.

理解问答 lǐjiě wèndá 47

在 中国, 国家 以下 最 高 的 行政 单位 是 "省", "省"
Zài Zhōngguó, guójiā yǐxià zuì gāo de xíngzhèng dānwèi shì "shěng", "shěng"

相当 于 日本 的 "县"。
xiāngdāng yú Rìběn de "xiàn".

中国 的 省 级 行政区 并 不 都 是 省, 除了 二十三
Zhōngguó de shěng jí xíngzhèngqū bìng bù dōu shì shěng, chúle èrshisān

个 省 以外, 还 包括 四 个 直辖市、 五 个 自治区、 两 个
ge shěng yǐwài, hái bāokuò sì ge zhíxiáshì, wǔ ge zìzhìqū, liǎng ge

特别 行政区。
tèbié xíngzhèngqū.

二十三 个 省, 从 北 到 南 是: 黑龙江、 吉林、 辽宁、
Èrshisān ge shěng, cóng běi dào nán shì: Hēilóngjiāng, Jílín, Liáoníng,

甘肃、 河北、 山西、 陕西、 青海、 山东、 河南、 江苏、 安徽、
Gānsù, Héběi, Shānxī, Shǎnxī, Qīnghǎi, Shāndōng, Hénán, Jiāngsū, Ānhuī,

四川、 湖北、 浙江、 江西、 湖南、 贵州、 云南、 福建、 广东、
Sìchuān, Húběi, Zhèjiāng, Jiāngxī, Húnán, Guìzhōu, Yúnnán, Fújiàn, Guǎngdōng,

台湾、 海南。
Táiwān, Hǎinán.

四 个 直辖市 是 北京、 上海、 天津 和 重庆, 都 是
Sì ge zhíxiáshì shì Běijīng, Shànghǎi, Tiānjīn hé Chóngqìng, dōu shì

人口 众多 的 重要 城市, 所以 都 由 中央 政府 直接
rénkǒu zhòngduō de zhòngyào chéngshì, suǒyǐ dōu yóu zhōngyāng zhèngfǔ zhíjiē

管辖。
guǎnxiá.

五 个 自治区 是 新疆 维吾尔 自治区、 西藏 自治区、
Wǔ ge zìzhìqū shì Xīnjiāng Wéiwú'ěr zìzhìqū, Xīzàng zìzhìqū,

内蒙古 自治区、 宁夏 回族 自治区 和 广西 壮族 自治区, 是
Nèiměnggǔ zìzhìqū, Níngxià Huízú zìzhìqū hé Guǎngxī Zhuàngzú zìzhìqū, shì

五 个 少数 民族 比较 集中 的 地区。为了 照顾 少数
wǔ ge shǎoshù mínzú bǐjiào jízhōng de dìqū. Wèile zhàogu shǎoshù

民族，让 少数 民族 按照 自己 的 风俗 习惯 来 自治 本
mínzú, ràng shǎoshù mínzú ànzhào zìjǐ de fēngsú xíguàn lái zìzhì běn

族 内务，所以 叫作 自治区。
zú nèiwù, suǒyǐ jiàozuò zìzhìqū.

香港 和 澳门 回归 之 后，为了 维持 这 两 个 地方
Xiānggǎng hé Àomén huíguī zhī hòu, wèile wéichí zhè liǎng ge dìfang

的 繁荣，就 保持 原有 的 资本 主义 社会 经济 制度 和
de fánróng, jiù bǎochí yuányǒu de zīběn zhǔyì shèhuì jīngjì zhìdù hé

生活 方式。因为 跟 其他 省 不 一样，所以 就 叫作 特别
shēnghuó fāngshì. Yīnwèi gēn qítā shěng bù yíyàng, suǒyǐ jiù jiàozuò tèbié

行政区。
xíngzhèngqū.

这 三十四 个 省 级 行政区，恐怕 不 容易 一下子 都
Zhè sānshisì ge shěng jí xíngzhèngqū, kǒngpà bù róngyì yíxiàzi dōu

记住，只 得 慢慢儿 记，一 个 一 个 记。首先 记住 你们
jìzhù, zhǐ děi mànmānr jì, yí ge yí ge jì. Shǒuxiān jìzhù nǐmen

有 兴趣 或者 去过 的 地方 吧。
yǒu xìngqù huòzhě qùguo de dìfang ba.

1 在中国，国家以下最高的行政单位是什么？
Zài Zhōngguó, guójiā yǐxià zuì gāo de xíngzhèng dānwèi shì shénme?

2 中国有多少个省级行政区？
Zhōngguó yǒu duōshao ge shěng jí xíngzhèngqū?

3 中国有几个直辖市？ 是哪几个？
Zhōngguó yǒu jǐ ge zhíxiáshì? Shì něi jǐ ge?

4 中国有几个自治区？ 是哪几个？
Zhōngguó yǒu jǐ ge zìzhìqū? Shì něi jǐ ge?

5 中国的两个特别行政区是哪两个？
Zhōngguó de liǎng ge tèbié xíngzhèngqū shì něi liǎng ge?

6 中国的省相当于日本的什么行政单位?
Zhōngguó de shěng xiāngdāng yú Rìběn de shénme xíngzhèng dānwèi?

7 中国二十三个省,你知道多少个? 请说一说。
Zhōngguó èrshisān ge shěng, nǐ zhīdào duōshao ge? Qǐng shuō yi shuō.

中国の行政区

【省】

名　称	省　都
1. 河北 Héběi	石家庄市 Shíjiāzhuāng shì
2. 山西 Shānxī	太原市 Tàiyuán shì
3. 辽宁 Liáoníng	沈阳市 Shěnyáng shì
4. 吉林 Jílín	长春市 ChángChūn shì
5. 黑龙江 Hēilóngjiāng	哈尔滨市 Hā'ěrbīn shì
6. 江苏 Jiāngsū	南京市 Nánjīng shì
7. 浙江 Zhèjiāng	杭州市 Hángzhōu shì
8. 安徽 Ānhuī	合肥市 Héféi shì
9. 福建 Fújiàn	福州市 Fúzhōu shì
10. 江西 Jiāngxī	南昌市 Nánchāng shì
11. 山东 Shāndōng	济南市 Jǐnán shì
12. 台湾 Táiwān	台北市 Táiběi shì
13. 河南 Hénán	郑州市 Zhèngzhōu shì
14. 湖南 Húnán	长沙市 Chángshā shì
15. 湖北 Húběi	武汉市 Wǔhàn shì
16. 广东 Guǎngdōng	广州市 Guǎngzhōu shì
17. 海南 Hǎinán	海口市 Hǎikǒu shì
18. 四川 Sìchuān	成都市 Chéngdū shì
19. 贵州 Guìzhōu	贵阳市 Guìyáng shì
20. 云南 Yúnnán	昆明市 Kūnmíng shì
21. 陕西 Shǎnxī	西安市 Xī'ān shì
22. 甘肃 Gānsù	兰州市 Lánzhōu shì
23. 青海 Qīnghǎi	西宁市 Xīníng shì

【直辖市】

名　称
1. 北京 Běijīng
2. 上海 Shànghǎi
3. 天津 Tiānjīn
4. 重庆 Chóngqìng

【自治区】

名　称	区　都
1. 内蒙古 Nèiměnggǔ	呼和浩特市 Hūhéhàotè shì
2. 广西壮族 Guǎngxī Zhuàngzú	南宁市 Nánníng shì
3. 西藏 Xīzàng	拉萨市 Lāsà shì
4. 宁夏回族 Níngxià Huízú	银川市 Yínchuān shì
5. 新疆维吾尔 Xīnjiāng Wéiwú'ěr	乌鲁木齐市 Wūlǔmùqí shì

【特别行政区】

名　称	区　都
1. 香港 Xiānggǎng	香港 Xiānggǎng
2. 澳门 Àomén	澳门 Àomén

练 习 liànxí

1. 音声を聞いて、文のピンインと漢字を書き、日本語に訳しなさい。
   ①
   ②
   ③

2. 次の文を中国語に訳し、ピンインを書きなさい。
   ① 今日習った単語を全部覚えられますか。

   ② 今は田中さんしかいないよ。

   ③ 50年前の1万円は今のいくらに相当するの？

3. 次のピンインを読んで、漢字に直し、日本語に訳しなさい。
   ① Jīnwǎn wǒ yǒu shì, qùbuliǎo nǐ jiā.

   ② Zhèr zhǐyǒu nǐ hé wǒ, méi biéren, nǐ kuài shuō ba.

   ③ Zhōngguó de rénkǒu xiāngdāng yú Rìběn de duōshao bèi?

第 7 课　中国的人口与民族
Dì qī kè　Zhōngguó de rénkǒu yǔ mínzú

会 话 huìhuà

中野：现在 中国 人口 有 多少？
　　　Xiànzài Zhōngguó rénkǒu yǒu duōshao?

梁义：大约 有 十四亿。
　　　Dàyuē yǒu shísìyì.

中野：十四亿？那么 多 啊！日本 才 一亿 多 呢。
　　　Shísìyì? Nàme duō a! Rìběn cái yíyì duō ne.

梁义：全 世界 人口 有 七十 多 亿，中国 人口 就 占了
　　　Quán shìjiè rénkǒu yǒu qīshí duō yì, Zhōngguó rénkǒu jiù zhànle
　　　五 分 之 一。
　　　wǔ fēn zhī yī.

中野：听说 中国 十四亿 人口里 有 很 多 民族 是 吗？
　　　Tīngshuō Zhōngguó shísìyì rénkǒuli yǒu hěn duō mínzú shì ma?

梁义：没 错，有 很 多 民族，可是 主要 的 还 是
　　　Méi cuò, yǒu hěn duō mínzú, kěshì zhǔyào de hái shì
　　　汉族，占 全 人口 的 百 分 之 九十二。
　　　Hànzú, zhàn quán rénkǒu de bǎi fēn zhī jiǔshí'èr.

中野：其他 百 分 之 八 都 是 什么 民族 啊？
　　　Qítā bǎi fēn zhī bā dōu shì shénme mínzú a?

梁义：中国人 把 那些 民族 叫作 少数 民族。虽然 只有
　　　Zhōngguórén bǎ nèixiē mínzú jiàozuò shǎoshù mínzú. Suīrán zhǐyǒu

百分之八，可是一共有五十五个民族呢，
bǎi fēn zhī bā, kěshì yígòng yǒu wǔshiwǔ ge mínzú ne,

比如藏族、回族、壮族等。
bǐrú Zàngzú、 Huízú、 Zhuàngzú děng.

中野：有那么多啊！他们都有自己的语言文字吧。
Yǒu nàme duō a! Tāmen dōu yǒu zìjǐ de yǔyán wénzì ba.

梁义：有，大部分都有自己的语言和文字，只有一小部分有语言但没有文字。
Yǒu, dà bùfen dōu yǒu zìjǐ de yǔyán hé wénzì, zhǐyǒu yì xiǎo bùfen yǒu yǔyán dàn méi yǒu wénzì.

词汇 cíhuì

1 亿 yì：億
2 才 cái：わずか
3 多 duō：10以上の数字の後につけたら、「あまり、以上」の意味になる
4 就 jiù：強く読むと、数が多いことを表す語気詞
5 占 zhàn：占める
6 …里 …li：…の中に
7 还是 hái shì：やはり
8 百分之 bǎi fēn zhī：パーセント
9 叫作 jiàozuò：…と呼ばれる、…という
10 虽然 suīrán：…けれども、…けど
11 一共 yígòng：全部で、合計
12 自己 zìjǐ：自分、自身

语法点 yǔfǎdiǎn

1. 呢 ne：疑問詞と語気詞があり、主な用法は：

1.1 同じ質問の代わりの「…は？」「…はどうですか」

① 他爱吃辣的，你呢？
   Tā ài chī là de, nǐ ne?

② 上海的夏天很热，北京呢？
   Shànghǎi de xiàtiān hěn rè, Běijīng ne?

1.2 人と物を探す疑問詞。「…はどこですか」「…は？」

③ 你在这儿，小王呢？
   Nǐ zài zhèr, xiǎo Wáng ne?

④ 咦，我的手机呢？
   Yí, wǒ de shǒujī ne?

1.3 相手に新しい情報を教える時の語気詞。日本語の「…よ」に似ている。

⑤ 世界上五个人之中，就有一个是中国人呢。
   Shìjièshang wǔ ge rén zhī zhōng, jiù yǒu yí ge shì Zhōngguórén ne.

⑥ 你不知道吗？ 他已经结婚了呢。
   Nǐ bù zhīdào ma? Tā yǐjīng jiéhūn le ne.

1.4 疑問詞疑問文と選択疑問文の文末に使い、相手への不満や確認の柔らかい語気。

⑦ 你说谁呢？
   Nǐ shuō shéi ne?

⑧ 你怎么还不走呢？
   Nǐ zěnme hái bù zǒu ne?

⑨ 你到底去还是不去呢？
   Nǐ dàodǐ qù háishi bú qù ne?

2. 啊 a：語気詞。主な用法は：

2.1 相手の意見に賛同する語気。

① 对啊！ 去中国留学好啊！
　 Duì a! Qù Zhōngguó liúxué hǎo a!

② 是啊！ 你说得没错！
　 Shì a! Nǐ shuō de méi cuò!

2.2 相手に柔らかく催促や確認する語気。

③ 你快来啊？
　 Nǐ kuài lái a?

④ 你昨天没给他打电话啊？
　 Nǐ zuótiān méi gěi tā dǎ diànhuà a?

2.3 á（第2声）：驚きを表す語気。

⑤ 啊！ 王勤走了？
　 Á! Wáng Qín zǒu le?

⑥ 啊！ 妈妈生气了？
　 Á! Māma shēngqì le?

3. 等 děng：「…など」。2つの用法がある。

3.1 多くのもののうち、一部を列挙する時に使われる。重ね型の"等等"もよく使われる。

① 他去过很多国家，比如说美国、英国、法国、德国等（／等等）。
　 Tā qùguo hěn duō guójiā, bǐrú shuō Měiguó, Yīngguó, Fǎguó, Déguó děng (/děngdeng).

② 苹果、桔子、葡萄、香蕉等（／等等），都是我爱吃的水果。
　 Píngguǒ, júzi, pútao, xiāngjiāo děng (/děngdeng), dōu shì wǒ ài chī de shuǐguǒ.

3.2 列挙したものの最後に付けて、後にそれらをまとめる。重ね型の"等等"は使えない。

③ 中国主要河流有长江、黄河、黑龙江、珠江等四大河流。
　 Zhōngguó zhǔyào héliú yǒu Chángjiāng, Huánghé, Hēilóngjiāng, Zhūjiāng děng sì dà héliú.

④ 联合国有英语、汉语、法语、俄语、西班牙语、阿拉伯语等六种工作语言。
　 Liánhéguó yǒu Yīngyǔ, Hànyǔ, Fǎyǔ, Éyǔ, Xībānyáyǔ, Ālābóyǔ děng liù zhǒng gōngzuò yǔyán.

中国の少数民族

民　　族	人口数	民　　族	人口数
蒙　古　族	5,981,840	土　　　族	289,565
回　　　族	10,586,087	达　斡　尔　族	131,992
藏　　　族	6,282,187	仫　佬　族	216,257
维　吾　尔　族	10,069,346	羌　　　族	309,576
苗　　　族	9,426,007	布　朗　族	119,639
彝　　　族	8,714,393	撒　拉　族	130,607
壮　　　族	16,926,381	毛　南　族	101,192
布　依　族	2,870,034	仡　佬　族	550,746
朝　鲜　族	1,830,929	锡　伯　族	190,481
满　　　族	10,387,958	阿　昌　族	39,555
侗　　　族	2,879,974	普　米　族	42,861
瑶　　　族	2,796,003	塔　吉　克　族	51,069
白　　　族	1,933,510	怒　　　族	37,523
土　家　族	8,353,912	乌　孜　别　克　族	10,569
哈　尼　族	1,660,932	俄　罗　斯　族	15,393
哈　萨　克　族	1,462,588	鄂　温　克　族	30,875
傣　　　族	1,261,311	德　昂　族	20,556
黎　　　族	1,463,064	保　安　族	20,074
傈　僳　族	702,839	裕　固　族	14,378
佤　　　族	429,709	京　　　族	28,199
畲　　　族	708,651	塔　塔　尔　族	3,556
高　山　族	4,009	独　龙　族	6,930
拉　祜　族	485,966	鄂　伦　春　族	8,659
水　　　族	411,847	赫　哲　族	5,354
东　乡　族	621,500	门　巴　族	10,561
纳　西　族	326,295	珞　巴　族	3,682
景　颇　族	147,828	基　诺　族	20,899
柯　尔　克　孜　族	186,708		

出典："少数民族　各族人口"（百度数据库 http://baike.baidu.com/view/1917.htm）。
人口数は第6回中華人民共和国国勢調査（2010年）による。

理解问答 lǐjiě wèndá

目前，中国人口约有十四亿，占全世界人口的五分之一，是全世界人口最多的国家，几乎每五个人之中就有一个是中国人。

在中国十四亿人口里，主要是汉族，约占全人口的百分之九十二，其他百分之八是五十五个少数民族。这五十五个民族由于人口不多，所以就叫作少数民族，主要有壮族、满族、回族、苗族、藏族等。其中壮族人口最多，约一千六百多万人，其次是回族、满族、苗族、维吾尔族等。

这些少数民族里，本来大部分都只有语言而没有文字，只有一小部分有自己的传统语言文字，如蒙古族、朝鲜族等。1949年中华人民共和国成立后，政府大力推广汉语，使用汉字，也帮助一些少数民族创造了自己的文字。

如今大部分少数民族都有自己的语言和文字

了。不过 有些 少数 民族 用惯了 汉字，已 不 再 使用
le. Búguò yǒuxiē shǎoshù mínzú yòngguànle Hànzì, yǐ bú zài shǐyòng
自己 的 语言 文字 了，如 回族 和 满族。其他 大 部分
zìjǐ de yǔyán wénzì le, rú Huízú hé Mǎnzú. Qítā dà bùfen
的 少数 民族 还 同时 使用 自己 的 语言 和 汉语 汉字，
de shǎoshù mínzú hái tóngshí shǐyòng zìjǐ de yǔyán hé Hànyǔ Hànzì,
如 壮族 和 蒙古族。一 小 部分 没 有 文字 的 少数 民族
rú Zhuàngzú hé Měnggǔzú. Yì xiǎo bùfen méi yǒu wénzì de shǎoshù mínzú
就 使用 其他 民族 的 文字 或 汉字。
jiù shǐyòng qítā mínzú de wénzì huò Hànzì.

1 中国人口有多少？
Zhōngguó rénkǒu yǒu duōshao?

2 中国人口占世界总人口的多少？
Zhōngguó rénǒu zhàn shìjiè zǒng rénkǒu de duōshao?

3 中国的人口比日本多多少？
Zhōngguó de rénkǒu bǐ Rìběn duō duōshao?

4 中国人口之中，哪个民族最多？ 占多少百分比？
Zhōngguó rénkǒu zhī zhōng, něige mínzú zuì duō? Zhàn duōshao bǎifēnbǐ?

5 中国有多少个少数民族？ 他们占全人口的多少？
Zhōngguó yǒu duōshao ge shǎoshù mínzú? Tāmen zhàn quán rénkǒu de duōshao?

6 哪个少数民族的人口最多？ 他们现在使用什么语言？
Něige shǎoshù mínzú de rénkǒu zuì duō? Tāmēn xiànzài shǐyòng shénme yǔyán?

7 现在中国的回族和满族使用什么文字？
Xiànzài Zhōngguó de Huízú hé Mǎnzú shǐyòng shénme wénzì?

练 习 liànxí

57 1. 音声を聞いて、文のピンインと漢字を書き、日本語に訳しなさい。

① _____

② _____

③ _____

2. 次の文を中国語に訳し、ピンインを書きなさい。

① どうして私が行かなければならないの？

② ああ！ 誰がこんなに散らかしたの？

③ 中国語、韓国語、タイ語などのアジア言語は習いにくいですか。

3. 次のピンインを読んで、漢字に直し、日本語に訳しなさい。

① Mápódòufu, huǒguō děng Sìchuāncài, dōu hěn là.

② Á! Zuótiān tā méi lái a? Shì nǐ méi tōngzhī tā ba?

③ Nǐ shuō qù Xīnjiāng hǎo ne? Háishi qù Xīzàng hǎo ne?

第 8 课 中国的语言

Dì bā kè   Zhōngguó de yǔyán

会 话 huìhuà 58

赵明：你 学了 两 年 汉语，你 觉得 汉语 有 什么
　　　Nǐ xuéle liǎng nián Hànyǔ, nǐ juéde Hànyǔ yǒu shénme
　　　特点？
　　　tèdiǎn?

中岛：我 觉得 汉语 有 三 大 特点：一 是 汉语 只有
　　　Wǒ juéde Hànyǔ yǒu sān dà tèdiǎn: yī shì Hànyǔ zhǐyǒu
　　　汉字，二 是 汉语 有 四 个 声调，三 是 汉语
　　　Hànzì, èr shì Hànyǔ yǒu sì ge shēngdiào, sān shì Hànyǔ
　　　动词 和 形容词 都 没 有 过去、现在、未来 的
　　　dòngcí hé xíngróngcí dōu méi yǒu guòqù, xiànzài, wèilái de
　　　变化。
　　　biànhuà.

赵明：你 总结 得 很 不错。那么 你 觉得 汉语 哪 一
　　　Nǐ zǒngjié de hěn búcuò. Nàme nǐ juéde Hànyǔ něi yì
　　　方面 比较 难 学，最 让 你 头疼？
　　　fāngmiàn bǐjiào nán xué, zuì ràng nǐ tóuténg?

中岛：对 我们 日本人 来 说，我 觉得 声调 最 让 我们
　　　Duì wǒmen Rìběnrén lái shuō, wǒ juéde shēngdiào zuì ràng wǒmen
　　　头疼，不过 我们 不用 学 汉字。
　　　tóuténg, búguò wǒmen búyòng xué Hànzì.

赵明：我 觉得 日本人 学 汉语，比 欧美人 容易 得 多。
　　　Wǒ juéde Rìběnrén xué Hànyǔ, bǐ ŌuMěirén róngyì de duō.

欸，我 听说 你 还 会 说 方言，是 吗？
Éi, wǒ tīngshuō nǐ hái huì shuō fāngyán, shì ma?

中岛：不 不！我 只 会 说 一点儿 广东 话。
Bù bù! Wǒ zhǐ huì shuō yìdiǎnr Guǎngdōng huà.

赵明：你 真 了不起！会 说 普通话 又 会 说 广东 话。
Nǐ zhēn liǎobuqǐ! Huì shuō pǔtōnghuà yòu huì shuō Guǎngdōng huà.

中岛：哪里 哪里！过奖 了。
Nǎli nǎli! Guòjiǎng le.

赵明：你 知道 吗？汉语 有 七 大 方言，而且 每 种
Nǐ zhīdào ma? Hànyǔ yǒu qī dà fāngyán, érqiě měi zhǒng
方言里 还 有 一些 不 同 的 小 方言。
fāngyánli hái yǒu yìxiē bù tóng de xiǎo fāngyán.

中岛：还 有 不 同 的 小 方言？那么 复杂 啊，那
Hái yǒu bù tóng de xiǎo fāngyán? Nàme fùzá a, nà
到底 全 中国 有 多少 种 方言 呢？
dàodǐ quán Zhōngguó yǒu duōshao zhǒng fāngyán ne?

词汇 cíhuì

1 特点 tèdiǎn：特色、特徵
2 声调 shēngdiào：声調。中国語の声調は4つあり、同じ発音でも声調が違うと、それぞれ意味が違う
3 过去 guòqù：過去、昔
4 总结 zǒngjié：まとめる
5 比较 bǐjiào：比較的、わりと
6 头疼 tóuténg：頭痛、悩み、困ったこと
7 不用 búyòng：必要がない
8 欧美 ŌuMěi：欧米、ヨーロッパとアメリカ
9 欸 éi：人に注意を喚起する語気詞。日本語の「ねえ」に近い
10 普通话 pǔtōnghuà：標準語
11 过奖 guòjiǎng：ほめ過ぎる
12 一些 yìxiē：少し。"一点儿" よりちょっと多い

语法点 yǔfǎdiǎn

1. 对…来说 duì…lái shuō：「…にとって」

① 对你来说，汉语难不难？
　　Duì nǐ lái shuō, Hànyǔ nán bu nán?

② 对他们来说，面子很重要。
　　Duì tāmen lái shuō, miànzi hěn zhòngyào.

③ 对日本来说，中国和美国都是友好伙伴。
　　Duì Rìběn lái shuō, Zhōngguó hé Měiguó dōu shì yǒuhǎo huǒbàn.

2. 動詞＋"得 de"＋形容詞：動作の状態について評価したり、描写したりする。

① 他汉语说得很好。
　　Tā Hànyǔ shuō de hěn hǎo.

② 我走得不快。
　　Wǒ zǒu de bú kuài.

③ 雨下得很大。
　　Yǔ xià de hěn dà.

④ 房子摇得很厉害。
　　Fángzi yáo de hěn lìhai.

3. 让 ràng：使役文に使われる前置詞。「誰々に…をさせる」

① 那件事让我爸很伤心。
　　Nèi jiàn shì ràng wǒ bà hěn shāngxīn.

② 你应该早点儿去，别让他等你。
　　Nǐ yīnggāi zǎo diǎnr qù, bié ràng tā děng nǐ.

③ 李老师每周都让我们背书。
　　Lǐ lǎoshī měi zhōu dōu ràng wǒmen bèishū.

理解问答 lǐjiě wèndá

汉语 主要 有 三 大 特点：一 是 汉语 的 文字 都
Hànyǔ zhǔyào yǒu sān dà tèdiǎn: yī shì Hànyǔ de wénzì dōu
是 汉字。二 是 汉语 有 四 个 声调，每 个 声调 都
shì Hànzì. Èr shì Hànyǔ yǒu sì ge shēngdiào, měi ge shēngdiào dōu
表示 不 同 的 意思。三 是 汉语 的 动词 和 形容词 没
biǎoshì bù tóng de yìsi. Sān shì Hànyǔ de dòngcí hé xíngróngcí méi
有 时态 的 变化，名词 也 没 有 单数 复数 的 变化。
yǒu shítài de biànhuà, míngcí yě méi yǒu dānshù fùshù de biànhuà.

从 这 三 个 特点 看来，学习 汉语 对 日本人 来 说，
Cóng zhè sān ge tèdiǎn kànlái, xuéxí Hànyǔ duì Rìběnrén lái shuō,
文字 与 语法 都 不 太 难，只有 声调 比较 麻烦。不过，
wénzì yǔ yǔfǎ dōu bú tài nán, zhǐyǒu shēngdiào bǐjiào máfan. Búguò,
比起 欧美人，日本人 学习 汉语 还 是 比较 容易。只要 在
bǐqǐ ŌuMěirén, Rìběnrén xuéxí Hànyǔ hái shì bǐjiào róngyì. Zhǐyào zài
发音 方面 多 下 一些 功夫，就 一定 能 学好 汉语。
fāyīn fāngmiàn duō xià yìxiē gōngfu, jiù yídìng néng xuéhǎo Hànyǔ.

另外，汉语 还 有 很 多 方言。据说 有 七 大 方言：
Lìngwài, Hànyǔ hái yǒu hěn duō fāngyán. Jùshuō yǒu qī dà fāngyán:
北方 方言、赣 方言、湘 方言、粤 方言、闽 方言、客家
Běifāng fāngyán、Gàn fāngyán、Xiāng fāngyán、Yuè fāngyán、Mǐn fāngyán、Kèjiā
方言 和 吴 方言。各 种 方言 的 差别 很 大，同样 是
fāngyán hé Wú fāngyán. Gè zhǒng fāngyán de chābié hěn dà, tóngyàng shì
中国人，四川人 听不懂 广东 话，同样，广东人 也 听不懂
Zhōngguórén, Sìchuānrén tīngbudǒng Guǎngdōng huà, tóngyàng, Guǎngdōngrén yě tīngbudǒng
四川 话，而且 每 种 方言里 还 有 几 种 互 不 相通 的
Sìchuān huà, érqiě měi zhǒng fāngyánli hái yǒu jǐ zhǒng hù bù xiāngtōng de
小 方言，比如 同样 是 闽 方言，福建 话 和 福州 话 就
xiǎo fāngyán, bǐrú tóngyàng shì Mǐn fāngyán, Fújiàn huà hé Fúzhōu huà jiù
很 不 一样，所以 有 人 说 在 中国 过了 一 条 河 或
hěn bù yíyàng, suǒyǐ yǒu rén shuō zài Zhōngguó guòle yì tiáo hé huò

一　座　山，语言　就　不　通　了。
yí　zuò　shān,　yǔyán　jiù　bù　tōng　le.

不过，中华　人民　共和国　成立　后，政府　大力　推广
Búguò,　Zhōnghuá　Rénmín　Gònghéguó　chénglì　hòu,　zhèngfǔ　dàlì　tuīguǎng
普通话，即　以　北京　话　为　基础　的　标准　话。现在　学校
pǔtōnghuà,　jí　yǐ　Běijīng　huà　wéi　jīchǔ　de　biāozhǔn　huà.　Xiànzài　xuéxiào
都　学习　普通话，只有　少数　年纪　大　的　农民　或　少数
dōu　xuéxí　pǔtōnghuà,　zhǐyǒu　shǎoshù　niánjì　dà　de　nóngmín　huò　shǎoshù
民族　不　会　说　普通话　以外，大　部分　的　年轻　人　都　会
mínzú　bú　huì　shuō　pǔtōnghuà　yǐwài,　dà　bùfen　de　niánqīng　rén　dōu　huì
说　普通话　了。
shuō　pǔtōnghuà　le.

64 **1** 汉语主要的特点是什么？
Hànyǔ zhǔyào de tèdiǎn shì shénme?

2 对日本人来说，学习汉语难吗？ 为什么？
Duì Rìběnrén lái shuō, xuéxí Hànyǔ nán ma? Wèi shénme?

3 日本人学习汉语的难点是什么？
Rìběnrén xuéxí Hànyǔ de nándiǎn shì shénme?

4 日本人学习汉语最容易的地方是什么？
Rìběnrén xuéxí Hànyǔ zuì róngyì de dìfang shì shénme?

5 汉语主要有几种方言？
Hànyǔ zhǔyào yǒu jǐ zhǒng fāngyán?

6 中国的方言差别大吗？
Zhōngguó de fāngyán chābié dà ma?

7 什么是普通话？ 现在中国人都会说普通话吗？
Shénme shì pǔtōnghuà? Xiànzài Zhōngguórén dōu huì shuō pǔtōnghuà ma?

练 习 liànxí

1. 音声を聞いて、文のピンインと漢字を書き、日本語に訳しなさい。

① _____

② _____

③ _____

2. 次の文を中国語に訳し、ピンインを書きなさい。

① 私にとって、中国語はわりと勉強しやすい外国語です。

② 山中さんのお母さんは彼に中国を旅行させない。

③ 彼は走るのが早いですよ。大学の代表選手になったことがあるそうです。

3. 次のピンインを読んで、漢字に直し、日本語に訳しなさい。

① Guǎngdōng huà duì Běijīngrén lái shuō, hǎoxiàng wàiyǔ yíyàng.

② Shānzhōng zài Měiguó liúguo sān nián xué, guàibude tā Yīngyǔ shuō de hěn xiàng Měiguórén.

③ Nǐmen bié ràng Lǐ lǎoshī zài nàr děng, kuài qù ba.

第8课 — 63

复习 2

一、次の中国語の正しいピンインを選びなさい。

1. 语言：① yǔyán ② yǐyán ③ yūyán ④ yīyàn
2. 相当：① shāndān ② shàngdāng ③ xiàngdàn ④ xiāngdāng
3. 潮湿：① chàoshī ② cháoshī ③ cáosì ④ càosī
4. 到底：① dǎodǐ ② dàodǐ ③ dàodí ④ dàodì
5. 自治：① zìzhì ② zìjǐ ③ zhìzì ④ zhìjì

二、次の単語と同じ声調の組み合わせの単語を選びなさい。

1. 只有：①面积 ②尽管 ③行政 ④特点
2. 文字：①当然 ②地理 ③人口 ④同样
3. 民族：①高原 ②公里 ③干燥 ④河流
4. 自然：①认为 ②方言 ③声调 ④少数
5. 气候：①威力 ②几乎 ③世界 ④严寒

三、空欄に最も適当なものを選びなさい。

1. 中国的直辖市（　）四个，北京，上海，天津和重庆。
   ①只 ②只是 ③只有 ④只在

2. 原来他发高烧了，（　）今天没来上班。
   ①想不到 ②没办法 ③怪不得 ④没想到

3. 这件事（　）先问问王老师再做吧。
   ①还是 ②可是 ③到底 ④那么

4. 以前他们乒乓球都打（　）特别好。
   ①的 ②得 ③地 ④了

5. 你快说（　），我们快急死了。
   ①吗 ②呢 ③啊 ④了

四、日本語の意味に合う中国語を選びなさい。

1. 私たちのクラスで、君だけこのことを知らない。
   ①我们班只你不知道这件事呢。
   ②我们班只有你不知道这件事呢。
   ③我们班你只有不知道这件事呢。
   ④我们班你只不知道这件事呢。

2. 彼らはみんな広東語を話すのがとても上手だ。
   ①他们都说广东话得很好。
   ②他们都说广东话说得很好。
   ③他们广东话都说得很好。
   ④他们都广东话说很好。

3. あなたにとって、一体何が一番大切ですか。
   ①对你来说到底什么最重要?
   ②对你说来到底什么最重要?
   ③对你什么东西到底最重要?
   ④对你最重要到底什么?

4. 東アジアは中国、日本、韓国、北朝鮮などの４か国を含みます。
   ①东亚四国包括有中国、日本、韩国、北朝鲜等等。
   ②东亚四国包括中国、日本、韩国、北朝鲜等等。
   ③东亚包括中国、日本、韩国、北朝鲜等四国。
   ④东亚包括中国、日本、韩国、北朝鲜等等四国。

5. 上海の面積は重慶ほど大きくないと思う。
   ①我觉得上海面积没有重庆大。
   ②我觉得上海面积不比重庆很大。
   ③我想上海面积比重庆不大。
   ④我想重庆面积不比上海大。

五、日本語の意味になるように、①～④を並べ替えた時に（　）に入るものを選びなさい。

1. このパソコンはあれより５万円高い。
    这个电脑 ＿＿＿ ＿＿＿ （＿＿＿） ＿＿＿。
    ①那个　　　②五万日元　　③比　　　　④贵

2. 彼は中国に３年住んでいたのか。道理で中国語がうまいわけだ。
    他 ＿＿＿ ＿＿＿ （＿＿＿） ＿＿＿，怪不得汉语说得那么好。
    ①住　　　　②三年　　　　③在中国　　④了

3. あなたは一日でそんなに多くの宿題を終えられますか。
    你 ＿＿＿ （＿＿＿） ＿＿＿ ＿＿＿ 吗?
    ①那么多　　②做得了　　　③一天　　　④作业

4. 一体、あなたは彼より何センチ高いの？
    你到底 ＿＿＿ ＿＿＿ ＿＿＿ （＿＿＿）?
    ①多少厘米　②比　　　　　③高　　　　④他

5. 彼は野球がうまいです。
    他 （＿＿＿） ＿＿＿ ＿＿＿ ＿＿＿。
    ①打　　　　②棒球　　　　③很好　　　④得

第9课 中国的历史
Dì jiǔ kè   Zhōngguó de lìshǐ

会话 huìhuà

王康：今天 我们 来 **轮流** 简单 地 介绍 一下 中国 的
Jīntiān wǒmen lái lúnliú jiǎndān de jièshào yíxià Zhōngguó de

历史，好 吗？
lìshǐ, hǎo ma?

李梅：**可以** 啊！我 说到 哪儿 你 都 得 **接下去** 啊！来，
Kěyǐ a! Wǒ shuōdào nǎr nǐ dōu děi jiēxiàqu a! Lái,

我 先 开始。中国 有 五千 多 年 的 历史，是
wǒ xiān kāishǐ. Zhōngguó yǒu wǔqiān duō nián de lìshǐ, shì

从 公元前 2070 年 的 夏朝 开始 的。
cóng gōngyuánqián èrlíngqīlíng nián de Xiàcháo kāishǐ de.

王康：夏朝 **之 后** 是 商朝，商朝 之 后 是 周朝，周朝
Xiàcháo zhī hòu shì Shāngcháo, Shāngcháo zhī hòu shì Zhōucháo, Zhōucháo

分为 西周 和 东周。东周 也 叫 "春秋 战国" 时代。
fēnwéi Xīzhōu hé Dōngzhōu. Dōngzhōu yě jiào "Chūnqiū Zhànguó" shídài.

李梅："春秋 战国" 时代，天下 **分成** 许多 小 国。**后来**
"Chūnqiū zhànguó" shídài, tiānxià fēnchéng xǔduō xiǎo guó. Hòulái

公元前 221 年，秦国 统一 天下，**建立了** 秦朝。
gōngyuánqián èrèryī nián, Qínguó tǒngyī tiānxià, jiànlìle Qíncháo.

王康：秦朝 之 后 是 汉朝。汉朝 分为 西汉 和 东汉。
Qíncháo zhī hòu shì Hàncháo. Hàncháo fēnwéi Xīhàn hé Dōnghàn.

东汉 之 后 是 三国 时代，**然后** 是 晋朝、南北朝。
Dōnghàn zhī hòu shì Sānguó shídài, ránhòu shì Jìncháo、Nánběicháo.

李梅：南北朝 之 后 是 隋朝, 然后 是 有名 的 唐朝。
　　　Nánběicháo zhī hòu shì Suícháo, ránhòu shì yǒumíng de Tángcháo.

　　　唐朝 大约 从 公元 618 年 到 907 年。
　　　Tángcháo dàyuē cóng gōngyuán liùyībā nián dào jiǔlíngqī nián.

王康：唐朝 之 后 是 宋朝, 宋朝 之 后 是 蒙古人 建立
　　　Tángcháo zhī hòu shì Sòngcháo, Sòngcháo zhī hòu shì Měngǔrén jiànlì

　　　的 元朝。1368 年 元朝 灭亡 后 是 明朝。
　　　de Yuáncháo. Yīsānliùbā nián Yuáncháo mièwáng hòu shì Míngcháo.

李梅：明朝 结束 后 是 清朝, 也 是 外族 的 满族人
　　　Míngcháo jiéshù hòu shì Qīngcháo, yě shì wàizú de Mǎnzúrén

　　　统治 的 朝代, 从 公元 1644 年 到 1911 年。
　　　tǒngzhì de cháodài, cóng gōngyuán yīliùsìsì nián dào yījiǔyīyī nián.

王康：1911 年, 孙 中山 领导 的 辛亥 革命 推翻了
　　　Yījiǔyīyī nián, Sūn Zhōngshān lǐngdǎo de Xīnhài Gémìng tuīfānle

　　　清朝, 建立了 中华 民国。
　　　Qīngcháo, jiànlìle Zhōnghuá Mínguó.

李梅：到了 1949 年, 中国 共产党 建立了 中华 人民
　　　Dàole yījiǔsìjiǔ nián, Zhōngguó gòngchǎndǎng jiànlìle Zhōnghuá Rénmín

　　　共和国, 一直 到 现在。
　　　Gònghéguó, yìzhí dào xiànzài.

词汇 cíhuì

1 轮流 lúnliú：順番に
2 可以 kěyǐ：相手の要求を受け入れる時の「いい、OK」という意味
3 接 jiē：つなぐ、続ける、受け取る
4 …下去 …xiàqu：動作をし続ける
5 分成 fēnchéng：…に分ける
6 建立 jiànlì：建立する、造り上げる

7 大约 dàyuē：およそ
8 灭亡 mièwáng：滅ぶ
9 结束 jiéshù：終わる、終わらせる
10 领导 lǐngdǎo：指導する、リードする
11 推翻 tuīfān：（政権などを）打ち倒す
12 一直 yìzhí：ずっと

语法点 yǔfǎdiǎn

1. 名詞／動詞（＋目的語）＋ "之后 zhī hòu"：「…の後、…のち」。"后" だけでもいい。

① 江户时代（之）后是明治时代。
Jiānghù shídài (zhī) hòu shì Míngzhì shídài.

② 吃饭（之）后，不要马上睡觉。
Chī fàn (zhī) hòu, búyào mǎshàng shuìjiào.

③ 去中国留学（之）后，我对中国的看法改变了。
Qù Zhōngguó liúxué (zhī) hòu, wǒ duì Zhōngguó de kànfǎ gǎibiàn le.

2. 后来 hòulái：前文である出来事が終わった後の「のち、その後」、それから「ずっとあと」の意味で使う。

① 他去美国的事，我是后来才知道的。
Tā qù Měiguó de shì, wǒ shì hòulái cái zhīdào de.

② 那件事后来怎么样了，谁也不知道。
Nèi jiàn shì hòulái zěnmeyàng le, shéi yě bù zhīdào.

③ 我只在那次会上见过他，后来再也没见过他了。
Wǒ zhǐ zài nèi cì huìshang jiànguo tā, hòulái zài yě méi jiànguo tā le.

3. …, 然后 …, ránhòu：前半である動作をしてから、次に何かをする時に使う。「…してから」、「次に」の意味。

① 你先洗澡，然后再吃饭吧。
Nǐ xiān xǐzǎo, ránhòu zài chī fàn ba.

② 老师先让我们背书，然后再讲新课。
Lǎoshī xiān ràng wǒmen bèishū, ránhòu zài jiǎng xīn kè.

③ 昨天我一回家就学习，然后吃饭看电视。
Zuótiān wǒ yì huí jiā jiù xuéxí, ránhòu chī fàn kàn diànshì.

理解问答 lǐjiě wèndá

中国 历史 悠久，长达 五千 多 年。最 早 的 王朝
Zhōngguó lìshǐ yōujiǔ, chángdá wǔqiān duō nián. Zuì zǎo de wángcháo
是 夏朝，开始 于 公元前 2070 年。夏朝 之 后 是 商朝。
shì Xiàcháo, kāishǐ yú gōngyuánqián èrlíngqīlíng nián. Xiàcháo zhī hòu shì Shāngcháo.
商朝 是 有 文字 记载 的 最 早 王朝，始 于 公元前
Shāngcháo shì yǒu wénzì jìzǎi de zuì zǎo wángcháo, shǐ yú gōngyuánqián
1600 年。商朝 之 后 是 周朝，周朝 分为 西周 和 东周。
yīliùlínglíng nián. Shāngcháo zhī hòu shì Zhōucháo, Zhōucháo fēnwéi Xīzhōu hé Dōngzhōu.
东周 的 周 天子 势力 衰弱，各 诸侯 分割 土地，争权夺利，
Dōngzhōu de Zhōu tiānzǐ shìlì shuāiruò, gè zhūhóu fēngē tǔdì, zhēngquán-duólì,
相互 发动 战争。前半期 是 "春秋 时代"，后半期 称为 "战国
xiānghù fādòng zhànzhēng. Qiánbànqī shì "Chūnqiū shídài", hòubànqī chēngwéi "Zhànguó
时代"。
shídài".

公元前 221 年，秦始皇 统一了 中国，建立了 秦朝。但
Gōngyuánqián èrèryī nián, Qínshǐhuáng tǒngyīle Zhōngguó, jiànlìle Qíncháo. Dàn
秦朝 只 统一了 十五 年 就 灭亡 了。取而代之 的 是
Qíncháo zhǐ tǒngyīle shíwǔ nián jiù mièwáng le. Qǔ'érdàizhī de shì
汉朝。汉朝 也 分 西汉 和 东汉。东汉 之 后 是 三国
Hàncháo. Hàncháo yě fēn Xīhàn hé Dōnghàn. Dōnghàn zhī hòu shì Sānguó
时代，然后 是 晋朝、南北朝。
shídài, ránhòu shì Jìncháo, Nánběicháo.

南北朝 之 后 是 隋朝，然后 是 有名 的 唐朝。唐朝
Nánběicháo zhī hòu shì Suícháo, ránhòu shì yǒumíng de Tángcháo. Tángcháo
从 公元 618 年 到 907 年，一共 统治了 近 三百 年，是
cóng gōngyuán liùyībā nián dào jiǔlíngqī nián, yígòng tǒngzhìle jìn sānbǎi nián, shì
中国 历史上 的 黄金 时代，不论 政治 经济 文化 都 是
Zhōngguó lìshǐshang de huángjīn shídài, búlùn zhèngzhì jīngjì wénhuà dōu shì
当时 世界 的 顶峰。日本 当时 也 派了 很 多 遣唐使 到
dāngshí shìjiè de dǐngfēng. Rìběn dāngshí yě pàile hěn duō qiǎntángshǐ dào

中国　留学。
Zhōngguó liúxué.

唐朝　之　后　是　宋朝，宋朝　被　蒙古人　灭亡　后，蒙古人
Tángcháo zhī hòu shì Sòngcháo, Sòngcháo bèi Měnggǔrén mièwáng hòu, Měnggǔrén
建立了　元朝。元朝　结束　后　是　明朝。明朝　于　1644　年　被
jiànlìle Yuáncháo. Yuáncháo jiéshù hòu shì Míngcháo. Míngcháo yú yīliùsìsì nián bèi
满族人　灭亡，满族人　建立了　清朝，直到　1911　年。
Mǎnzúrén mièwáng, Mǎnzúrén jiànlìle Qīngcháo, zhídào yījiǔyīyī nián.

1911　年　孙　中山　先生　领导　的　辛亥　革命　推翻了
Yījiǔyīyī nián Sūn Zhōngshān xiānsheng lǐngdǎo de Xīnhài Gémìng tuīfānle
清朝，建立了　中华　民国。后来，1949　年　10　月　1　日，
Qīngcháo, jiànlìle Zhōnghuá Mínguó. Hòulái, yījiǔsìjiǔ nián shí yuè yī rì,
中国　共产党　解放了　中国，建立了　中华　人民　共和国，一直
Zhōngguó gòngchǎndǎng jiěfàngle Zhōngguó, jiànlìle Zhōnghuá Rénmín Gònghéguó, yìzhí
到　现在。
dào xiànzài.

1 中国最早有文字记载的朝代是哪个朝代？
   Zhōngguó zuì zǎo yǒu wénzì jìzǎi de cháodài shì něige cháodài?

2 周朝分为西周和东周，东周是什么样的朝代？
   Zhōucháo fēnwéi Xīzhōu hé Dōngzhōu, Dōngzhōu shì shénme yàng de cháodài?

3 秦始皇是在哪一年统一中国的？
   Qínshǐhuáng shì zài nǎ yì nián tǒngyī Zhōngguó de?

4 唐朝一共统治了多少年？
   Tángcháo yígòng tǒngzhìle duōshao nián?

5 蒙古人统治中国的朝代叫什么朝？
   Měnggǔrén tǒngzhì Zhōngguó de cháodài jiào shénme cháo?

6 辛亥革命发生在哪一年？
   Xīnhài Gémìng fāshēng zài nǎ yì nián?

7 中华人民共和国是在哪一年建立的？
   Zhōnghuá Rénmín Gònghéguó shì zài nǎ yì nián jiànlì de?

日中歴史対照年表

中国				日本	
夏			約紀元前21世紀－前16世紀	旧石器時代 （数十万年前－約一万年前） 縄文時代 （約12000年前－紀元前3世紀） 弥生時代 （紀元前3世紀－3世紀）	
商			約紀元前16世紀－前11世紀		
周	西周		約紀元前11世紀－前770		
	東周	春秋	前770－前476		
		戦国	前475－前221		
秦			前221－前206		
漢	前漢		前206－25		
	後漢		25－220		
三国			220－280		
晋			265－420		
南北朝			420－589	古墳時代	300－592
隋			581－618	飛鳥時代	592－710
唐			618－907	奈良時代	710－794
五代			907－960	平安時代	794－1185
宋			960－1279		
遼			907－1125		
金			1115－1234		
元			1271－1368	鎌倉時代	1185－1333
				南北朝時代	1333－1392
明			1368－1644	室町時代	1392－1573
				安土桃山時代	1573－1603
				江戸時代	1603－1867
清			1644－1911	明治時代	1868－1911
中華民国			1912－1949	大正時代	1912－1925
				昭和時代	1926－1989
中華人民共和国			1949－現在	平成時代	1989－現在

出典："中日历史年代対照表" https://wenku.baidu.com/view/fead5028192e45361066f590.html?re=view

练习 liànxí

1. 音声を聞いて、文のピンインと漢字を書き、日本語に訳しなさい。

① _____

② _____

③ _____

2. 次の文を中国語に訳し、ピンインを書きなさい。

① 卒業したら、君は一体何をするつもりですか。

② 昨日、友達と映画を見に行って、その後、一緒に晩御飯を食べた。

③ 3年前、田中さんと別れて、その後は1度も会ったことがない。

3. 次のピンインを読んで、漢字に直し、日本語に訳しなさい。

① Tā hòulái gēn Lǐ Míng jiéhūn le, nǐ zhīdào ma?

② Tā měitiān qǐchuáng zhī hòu, jiù zuò èrshí fēn zhōng de tǐcāo.

③ Wǒ xiān gěi tā dǎ ge diànhuà ránhòu zài qù zhǎo tā.

第10课 中国的教育

Dì shí kè　　Zhōngguó de jiàoyù

会话 huìhuà 74

高桥：中国 的 教育 学制 也 是 "6 3 3 制" 吗？
　　　Zhōngguó de jiàoyù xuézhì yě shì "liù sān sān zhì" ma?

陈玲：是，**基本上** 是 小学 6 年，**初中** 3 年，高中 3 年。有些 地方 也 **实行** "5 4 3 制"，小学 5 年，初中 4 年，高中 3 年。
　　　Shì, jīběnshàng shì xiǎoxué liù nián, chūzhōng sān nián, gāozhōng sān nián. Yǒuxiē dìfāng yě shíxíng "wǔ sì sān zhì", xiǎoxué wǔ nián, chūzhōng sì nián, gāozhōng sān nián.

高桥：那些 学校 都 是 国立 的 吗？有 没 有 私立 学校 呢？
　　　Nèixiē xuéxiào dōu shì guólì de ma? Yǒu méi yǒu sīlì xuéxiào ne?

陈玲：有，也 有 一些 私立 学校，不过 学费 都 很 贵。
　　　Yǒu, yě yǒu yìxiē sīlì xuéxiào, búguò xuéfèi dōu hěn guì.

高桥：听说 国家 **办** 的 学校，还 有 **重点** 学校 和 **普通** 学校 之 分，是 吗？
　　　Tīngshuō guójiā bàn de xuéxiào, hái yǒu zhòngdiǎn xuéxiào hé pǔtōng xuéxiào zhī fēn, shì ma?

陈玲：是，很 多 大 城市 都 有 重点 小学、重点 中学。**只有** 成绩 优秀 的 学生 **才** 能 考进去。
　　　Shì, hěn duō dà chéngshì dōu yǒu zhòngdiǎn xiǎoxué、zhòngdiǎn zhōngxué. Zhǐyǒu chéngjì yōuxiù de xuésheng cái néng kǎojìnqu.

高桥：那　普通　学校　呢？**谁　都**　能　上　吗？
　　　Nà　pǔtōng　xuéxiào　ne?　Shéi　dōu　néng　shàng　ma?

陈玲：不，除了　上　小学　不用　考试　以外，其他　上　初中、
　　　Bù, chúle shàng xiǎoxué búyòng kǎoshì yǐwài, qítā shàng chūzhōng、

　　　上　高中、上　大学　都　要　考试。
　　　shàng gāozhōng、shàng dàxué dōu yào kǎoshì.

高桥：最后　一　个　问题，听说　考　大学　的　"**高考**"，竞争
　　　Zuìhòu yí ge wèntí, tīngshuō kǎo dàxué de "gāokǎo", jìngzhēng

　　　压力　非常　大，是　吗？
　　　yālì fēicháng dà, shì ma?

陈玲：没　错，压力　特别　大。**只要**　是　高中生，**没　有　不**
　　　Méi cuò, yālì tèbié dà. Zhǐyào shì gāozhōngshēng, méi yǒu bú

　　　怕　高考　的。
　　　pà gāokǎo de.

词汇 cíhuì

1　基本上 jīběnshàng：基本的に
2　初中 chūzhōng：中学校。"初级中学"の略称。
　　高校は"高中 gāozhōng"という。"高级中学"の略称
3　实行 shíxíng：実行する、実施する
4　办 bàn：…する、処理する、運営する、創設する。"办事" "办学校"
5　重点 zhòngdiǎn：重点、重要な
6　普通 pǔtōng：普通、一般的な
7　成绩 chéngjì：成績
8　优秀 yōuxiù：優秀な
9　考 kǎo：試験を受ける
10　高考 gāokǎo：大学に入るための試験。日本のセンター試験のような試験
11　竞争 jìngzhēng：競争する
12　怕 pà：怖がる

语法点 yǔfǎdiǎn

1. 只要…, 就… zhǐyào…, jiù… :「…さえ…すれば」。"只要…, 没有不…"の文型もある。

① 只要有钱,我就去留学。
　　Zhǐyào yǒu qián, wǒ jiù qù liúxué.

② 只要有60分,他就满足了。
　　Zhǐyào yǒu liùshí fēn, tā jiù mǎnzú le.

③ 只要是日本人,没有不知道富士山的。
　　Zhǐyào shì Rìběnrén, méi yǒu bù zhīdào Fùshìshān de.

2. 只有…, 才… zhǐyǒu…, cái… :「…しないかぎり、…できない」「…してはじめて…できる」

① 只有总经理来,问题才能解决。
　　Zhǐyǒu zǒng jīnglǐ lái, wèntí cái néng jiějué.

② 只有努力学习,才能考上你想上的大学。
　　Zhǐyǒu nǔlì xuéxí, cái néng kǎoshàng nǐ xiǎng shàng de dàxué.

③ 只有当了父母,才能了解父母的辛苦。
　　Zhǐyǒu dāngle fùmǔ, cái néng liǎojiě fùmǔ de xīnkǔ.

3. 疑問詞＋"都 dōu ／也 yě":「誰も／どこも／どうやっても…」

① 那个交流会谁都能参加。
　　Nèige jiāoliúhuì shéi dōu néng cānjiā.

② 你什么时候也不能去打扰他。
　　Nǐ shénme shíhou yě bù néng qù dǎrǎo tā.

③ 我怎么学习都没有进步。
　　Wǒ zěnme xuéxí dōu méi yǒu jìnbù.

理解问答 lǐjiě wèndá

中国教育学制基本上是"6 3 3 制",即小学6年,初中3年,高中3年。也有一些地方实行"5 4 3 制",即小学5年,初中4年,高中3年。大学本科基本上都是4年,医学和建筑等专业得学习5年。

中国国家规定了9年的义务教育,所有适龄儿童都得上学接受教育。几乎所有学校都是国家办的。最近也有一些私立学校,但学费都很贵。国家办的国立学校,在义务教育的9年内,都不用交学费,只交一些杂费。

许多城市的中小学都有重点学校和普通学校之分。重点学校是成绩比较好,水平比较高的学校。在义务教育的9年内,跟普通学校一样,不用缴付学费,但得缴付较高的杂费,课程和学习时间跟普通学校很不一样。

全 世界 各 国 的 学生 都 很 怕 考试, 中国 学生
Quán shìjiè gè guó de xuésheng dōu hěn pà kǎoshì, Zhōngguó xuésheng
也 不 例外, 可能 更 怕 考试。 除了 上 普通 小学 不 用
yě bú lìwài, kěnéng gèng pà kǎoshì. Chúle shàng pǔtōng xiǎoxué bú yòng
考试 以外, 上 初中, 上 高中, 上 大学 都 得 考试。 特别
kǎoshì yǐwài, shàng chūzhōng, shàng gāozhōng, shàng dàxué dōu děi kǎoshì. Tèbié
是 上 大学 的 "高考", 竞争 非常 激烈, 压力 很 大。 听说
shì shàng dàxué de "gāokǎo", jìngzhēng fēicháng jīliè, yālì hěn dà. Tīngshuō
大学 的 升学 率 虽 是 百 分 之 八十 左右, 但是 如果
dàxué de shēngxué lǜ suī shì bǎi fēn zhī bāshí zuǒyòu, dànshì rúguǒ
想 上 比较 好 的 大学, 真 是 难 若 登 天。 学生 到了
xiǎng shàng bǐjiào hǎo de dàxué, zhēn shì nán ruò dēng tiān. Xuésheng dàole
高 三, 不 只 本人 紧张, 连 教师、家长 都 天天 坐立不安。
gāo sān, bù zhǐ běnrén jǐnzhāng, lián jiàoshī、jiāzhǎng dōu tiāntiān zuòlì-bù'ān.

1 中国教育学制基本上小学几年？ 初中几年？ 高中几年？
Zhōngguó jiàoyù xuézhì jīběnshàng xiǎoxué jǐ nián? Chūzhōng jǐ nián? Gāozhōng jǐ nián?

2 中国的义务教育是几年？
Zhōngguó de yìwù jiàoyù shì jǐ nián?

3 中国的大学本科基本上学习几年？
Zhōngguó de dàxué běnkē jīběnshàng xuéxí jǐ nián?

4 中国大学的医科和建筑等专业的本科要学习几年？
Zhōngguó dàxué de yīkē hé jiànzhù děng zhuānyè de běnkē yào xuéxí jǐ nián?

5 重点学校和普通学校有什么区别？
Zhòngdiǎn xuéxiào hé pǔtōng xuéxiào yǒu shénme qūbié?

6 中国大学的升学率大概是多少？
Zhōngguó dàxué de shēngxué lǜ dàgài shì duōshao?

7 "高考"是什么？
"Gāokǎo" shì shénme?

练 习 liànxí

1. 音声を聞いて、文のピンインと漢字を書き、日本語に訳しなさい。

   ① _____

   ② _____

   ③ _____

2. 次の文を中国語に訳し、ピンインを書きなさい。

   ① 毎日テキストのCDを5回聞きさえすれば、中国語がうまくなるよ。

   ② あなたが誠心誠意謝らないかぎり、彼女は許してくれないよ。

   ③ 日本では、どこにでもコンビニがあるそうですね。

3. 次のピンインを読んで、漢字に直し、日本語に訳しなさい。

   ① Zhǐyǒu duō yùndòng, nǐ de bìng cái huì hǎo.

   ② Zhǐyào nǐ bù shuōchūlai, jiù méi yǒu rén zhīdào.

   ③ Tiánzhōng shénme shíhou dōu dàizhe shū, yǒu kòng jiù kàn shū.

第10课 —— 79

第11课 中国的宗教

Dì shíyī kè　　Zhōngguó de zōngjiào

会话 huìhuà

加藤：王　海，　你　信仰　什么　宗教？
　　　Wáng Hǎi, nǐ xìnyǎng shénme zōngjiào?

王海：我　没　什么　宗教　信仰，不过　我　家里　是　拜佛　的。
　　　Wǒ méi shénme zōngjiào xìnyǎng, búguò wǒ jiāli shì bàifó de.

加藤：杨　红　呢？听说　她　是　伊斯兰　教徒，是　吗？
　　　Yáng Hóng ne? Tīngshuō tā shì Yīsīlán jiàotú, shì ma?

王海：是，她　不　吃　猪肉，只　吃　牛肉　和　鸡肉。一天
　　　Shì, tā bù chī zhūròu, zhǐ chī niúròu hé jīròu. Yìtiān
　　　要　祈祷　五　次。
　　　yào qídǎo wǔ cì.

加藤：咦，她　不　是　汉族　吗？我　听说　汉族　一般　都
　　　Yí, tā bú shì Hànzú ma? Wǒ tīngshuō Hànzú yìbān dōu
　　　信仰　佛教　啊。
　　　xìnyǎng Fójiào a.

王海：没　错，大多数　的　汉族　都　信仰　佛教　或　道教，
　　　Méi cuò, dàduōshù de Hànzú dōu xìnyǎng Fójiào huò Dàojiào,
　　　但　也　有　信仰　伊斯兰教、基督教　的。
　　　dàn yě yǒu xìnyǎng Yīsīlánjiào, Jīdūjiào de.

加藤：什么　是　道教　啊？跟　佛教　有　什么　不同？
　　　Shénme shì Dàojiào a? Gēn Fójiào yǒu shénme bùtóng?

王海：道教 是 中国 民间 的 一 种 宗教，**相信** 大 自然，
　　　Dàojiào shì Zhōngguó mínjiān de yì zhǒng zōngjiào, xiāngxìn dà zìrán,

　　　认为 万物 都 是 神，**不论** 什么 东西 **都** 祭拜。
　　　rènwéi wànwù dōu shì shén, búlùn shénme dōngxi dōu jìbài.

加藤：这 **跟** 日本 的 神道 很 **接近**。不过，日本 很 多
　　　Zhè gēn Rìběn de Shéndào hěn jiējìn. Búguò, Rìběn hěn duō

　　　神道 信徒 也 到 寺院 去 拜 **观音 菩萨** 呢。
　　　Shéndào xìntú yě dào sìyuàn qù bài Guānyīn púsà ne.

王海：中国 也 一样，拜 观音 菩萨 的 佛教徒，也 拜
　　　Zhōngguó yě yíyàng, bài Guānyīn púsà de Fójiàotú, yě bài

　　　老子、孔子、关帝爷、土地爷 等。
　　　Lǎozǐ、Kǒngzǐ、Guāndìyé、Tǔdìyé děng.

词汇 cíhuì

1 信仰 xìnyǎng：信仰、信仰する
2 拜 bài：拝む、ある宗教を信じる
3 伊斯兰教 Yīsīlánjiào：イスラム教
4 教徒 jiàotú：信者
5 猪肉 zhūròu：豚肉
6 鸡肉 jīròu：鶏肉
7 佛教 Fójiào：仏教
8 道教 Dàojiào：道教。中国の民間宗教。自然万物を崇拝する
9 相信 xiāngxìn：信じる、宗教を信じる
10 观音菩萨 Guānyīn púsà：観音菩薩
11 老子 Lǎozǐ：老子。孔子より約20年前に生まれた哲学者。自然を尊重する道教の創始者
12 孔子 Kǒngzǐ：孔子。中国春秋時代の教育家、儒教の創始者。BC551-BC479

语法点 yǔfǎdiǎn

84

1. "没什么 méi shénme" ＋名詞：あることを軽く言いたい時に使う。「別に…」

① 她学习汉语没什么动机，只是兴趣罢了。
　　Tā xuéxí Hànyǔ méi shénme dòngjī, zhǐ shì xìngqù bàle.

② 那儿没什么人，比较安静，我们去那儿休息一下吧。
　　Nàr méi shénme rén, bǐjiào ānjìng, wǒmen qù nàr xiūxi yíxià ba.

③ 对不起，没什么好吃的，随便吃一点儿吧。
　　Duìbuqǐ, méi shénme hǎochī de, suíbiàn chī yìdiǎnr ba.

85

2. 跟…一样／相同 gēn…yíyàng/xiāngtóng：「…と同じ」
　　跟…接近 gēn…jiējìn：「…と近い」

① 日语里很多汉字跟汉语的汉字意思一样。
　　Rìyǔli hěn duō Hànzì gēn Hànyǔ de Hànzì yìsi yíyàng.

② 日本的神道跟中国的道教有点儿相同。
　　Rìběn de Shéndào gēn Zhōngguó de Dàojiào yǒudiǎnr xiāngtóng.

③ 你的想法跟他的比较接近。
　　Nǐ de xiǎngfǎ gēn tā de bǐjiào jiējìn.

86

3. 不论（无论／不管）…，都… búlùn(wúlùn/bùguǎn)…, dōu…：「…を問わず…」
　　「たとえ…であろうと」

① 不论哪个国家的人民，都不喜欢战争。
　　Búlùn něige guójiā de rénmín, dōu bù xǐhuan zhànzhēng.

② 无论男女老少，都喜欢这种运动。
　　Wúlùn nánnǚ lǎoshào, dōu xǐhuan zhèi zhǒng yùndòng.

③ 不管是谁，都得遵守法律。
　　Bùguǎn shì shéi, dōu děi zūnshǒu fǎlǜ.

理解问答 lǐjiě wèndá 87

中国 的 宗教 主要 有 佛教、道教、伊斯兰教、天主教
Zhōngguó de zōngjiào zhǔyào yǒu Fójiào、Dàojiào、Yīsīlánjiào、Tiānzhǔjiào
和 基督教。大多数 的 汉族 主要 信仰 佛教 和 道教，也
hé Jīdūjiào. Dàduōshù de Hànzú zhǔyào xìnyǎng Fójiào hé Dàojiào, yě
有 不少 信仰 基督教、天主教 或 伊斯兰教 的。少数 民族
yǒu bùshǎo xìnyǎng Jīdūjiào、Tiānzhǔjiào huò Yīsīlánjiào de. Shǎoshù mínzú
都 有 自己 传统 的 宗教 信仰，比如 回族 信仰 伊斯兰教。
dōu yǒu zìjǐ chuántǒng de zōngjiào xìnyǎng, bǐrú Huízú xìnyǎng Yīsīlánjiào.

中国 的 佛教、伊斯兰教、基督教、天主教 与 世界 各
Zhōngguó de Fójiào、Yīsīlánjiào、Jīdūjiào、Tiānzhǔjiào yǔ shìjiè gè
地 一样。全 国 各 地 都 可以 看到 佛教 的 "寺"，道教
dì yíyàng. Quán guó gè dì dōu kěyǐ kàndào Fójiào de "sì", Dàojiào
的 "庙" 和 "观"，伊斯兰教 的 "清真寺"，基督教 和 天主教
de "miào" hé "guàn", Yīsīlánjiào de "qīngzhēnsì", Jīdūjiào hé Tiānzhǔjiào
的 教堂。
de jiàotáng.

在 这些 宗教 之 中，最 有 中国 特色 的 宗教 就
Zài zhèixiē zōngjiào zhī zhōng, zuì yǒu Zhōngguó tèsè de zōngjiào jiù
是 道教。道教 是 中国 民间 的 宗教，是 由 道家 思想
shì Dàojiào. Dàojiào shì Zhōngguó mínjiān de zōngjiào, shì yóu Dàojiā sīxiǎng
发展 来 的。以 老子 为 道祖，崇拜 自然，认为 万物 皆
fāzhǎn lái de. Yǐ Lǎozǐ wéi dàozǔ, chóngbài zìrán, rènwéi wànwù jiē
为 神。拜 天地，拜 山河，拜 老子、孔子 等 古人，也 拜
wéi shén. Bài tiāndì, bài shānhé, bài Lǎozǐ、Kǒngzǐ děng gǔrén, yě bài
阎罗王、孙悟空 等 传说 人物。
Yánluówáng、Sūnwùkōng děng chuánshuō rénwù.

中国 公民 虽 有 信仰 宗教 的 自由，但 大多数 人
Zhōngguó gōngmín suī yǒu xìnyǎng zōngjiào de zìyóu, dàn dàduōshù rén
都 没 什么 宗教 信仰。不过，最近 各 处 寺庙 都 香火
dōu méi shénme zōngjiào xìnyǎng. Búguò, zuìjìn gè chù sìmiào dōu xiānghuǒ

第11课 — 83

不 绝， 信仰 宗教 的 人 渐渐 多起来 了。
bù jué, xìnyǎng zōngjiào de rén jiànjiàn duōqǐlái le.

少数 民族 大都 有 宗教 信仰， 比如 藏族、蒙古族、
Shǎoshù mínzú dàdōu yǒu zōngjiào xìnyǎng, bǐrú Zàngzú、Měnggǔzú、
纳西族 都 信仰 藏传 佛教， 也 就 是 喇嘛教。回族、
Nàxīzú dōu xìnyǎng Zàngchuán Fójiào, yě jiù shì Lǎmajiào. Huízú、
维吾尔族 等 信仰 伊斯兰教， 其他 民族 还 保持着 原始 的
Wéiwú'ěrzú děng xìnyǎng Yīsīlánjiào, qítā mínzú hái bǎochízhe yuánshǐ de
自然 崇拜 和 多 神 信仰。
zìrán chóngbài hé duō shén xìnyǎng.

1 中国主要有哪些宗教？
Zhōngguó zhǔyào yǒu něixiē zōngjiào?

2 中国汉族人民主要信仰什么宗教？
Zhōngguó Hànzú rénmín zhǔyào xìnyǎng shénme zōngjiào?

3 中国的民间宗教是什么教？
Zhōngguó de mínjiān zōngjiào shì shénme jiào?

4 中国的道教信奉什么？祭拜什么？
Zhōngguó de Dàojiào xìnfèng shénme? Jìbài shénme?

5 中国伊斯兰教的教堂叫什么？
Zhōngguó Yīsīlánjiào de jiàotáng jiào shénme?

6 中国的维吾尔族和回族主要信仰什么宗教？
Zhōngguó de Wéiwú'ěrzú hé Huízú zhǔyào xìnyǎng shénme zōngjiào?

7 中国的藏族和蒙古族主要信仰什么宗教？
Zhōngguó de Zàngzú hé Měnggǔzú zhǔyào xìnyǎng shénme zōngjiào?

练 习 liànxí

1. 音声を聞いて、文のピンインと漢字を書き、日本語に訳しなさい。

   ①

   ②

   ③

2. 次の文を中国語に訳し、ピンインを書きなさい。
   ① 雨が降っても、雪が降っても、彼は必ずジョギングに行く。

   ② 田中さんの運転は加藤さんと同じくうまい。

   ③ あの映画は何も面白いものがないので、見に行かないで。

3. 次のピンインを読んで、漢字に直し、日本語に訳しなさい。
   ① Wǒ yǐjīng méi shénme shuō de le. Nǐmen shuō ba.

   ② Tā búlùn zài nǎr gōngzuò, dōu hěn rènzhēn.

   ③ Rìběn bàngqiú duì de shuǐpíng gēn Měiguó duì hěn jiējìn.

第 12 课 中国的经济

Dì shí'èr kè Zhōngguó de jīngjì

会话 huìhuà

林远: 铃木，今天我们**来**谈谈中国的经济问题，好吗?
Língmù, jīntiān wǒmen lái tántan Zhōngguó de jīngjì wèntí, hǎo ma?

铃木: 好啊! 不过经济问题不好谈，因为每个国家的经济都一直在**发展**变化。
Hǎo a! Búguò jīngjì wèntí bù hǎo tán, yīnwèi měi ge guójiā de jīngjì dōu yìzhí zài fāzhǎn biànhuà.

林远: 没错，中国的经济发展得特别快。
Méi cuò, Zhōngguó de jīngjì fāzhǎn de tèbié kuài.

铃木: 听说以前中国的经济是以**农业**为主，现在**不是了**，是吗?
Tīngshuō yǐqián Zhōngguó de jīngjì shì yǐ nóngyè wéi zhǔ, xiànzài bú shì le, shì ma?

林远: 是的，现在是以**第二产业**的工业、制造业为主要经济**支柱**了。
Shì de, xiànzài shì yǐ dì èr chǎnyè de gōngyè、zhìzàoyè wéi zhǔyào jīngjì zhīzhù le.

铃木: 怪不得中国有"世界工厂"的**称号**。
Guàibude Zhōngguó yǒu "shìjiè gōngchǎng" de chēnghào.

林远：现在 日本 **百元店** 的 东西 几乎 都 是 中国 制造 的 呢。
Xiànzài Rìběn bǎiyuándiàn de dōngxi jīhū dōu shì Zhōngguó zhìzào de ne.

铃木：不只 日本，我 听说 **许多** 国家 的 产品 都 是 在 中国 制造 的。
Bùzhǐ Rìběn, wǒ tīngshuō xǔduō guójiā de chǎnpǐn dōu shì zài Zhōngguó zhìzào de.

林远：**还有，**中国 第 三 产业 的 **金融业、电讯业、观光业** 等 也 占了 很 大 的 比重。
Háiyǒu, Zhōngguó dì sān chǎnyè de jīnróngyè, diànxùnyè, guānguāngyè děng yě zhànle hěn dà de bǐzhòng.

铃木：没 错，我 在 中国 旅游 的 时候，**不但** 看到 很 多 中国 游客，**也** 看到 很 多 外国 游客 呢。
Méi cuò, wǒ zài Zhōngguó lǚyóu de shíhou, búdàn kàndào hěn duō Zhōngguó yóukè, yě kàndào hěn duō wàiguó yóukè ne.

词汇 cíhuì

1 发展 fāzhǎn：発展、発展する
2 农业 nóngyè：農業
3 第二产业 dì èr chǎnyè：第二次産業。重工業、軽工業、製造業などを指す
  第三产业 dì sān chǎnyè：第三次産業。金融、通信、観光業などのサービス業を指す
4 支柱 zhīzhù：支え、主なもの
5 称号 chēnghào：呼び名、称号
6 百元店 bǎiyuándiàn：百円ショップ
7 许多 xǔduō：たくさん
8 还有 háiyǒu：それから
9 金融 jīnróng：金融
10 电讯 diànxùn：通信
11 观光 guānguāng：観光
12 游客 yóukè：観光客

语法点 yǔfǎdiǎn

1. "来 lái"＋動詞（＋目的語）：自ら進んで、積極的にある動作をする時、あるいは相手に勧めて、やってもらう時に、動詞の前に置いて使う。動詞を省略してその動詞の代わりに使うこともある。"来"は万能の動詞ともいわれる。

① 这儿的事我来做，你去休息吧。
Zhèr de shì wǒ lái zuò, nǐ qù xiūxi ba.

② 你来打扫房间，我去洗衣服。
Nǐ lái dǎsǎo fángjiān, wǒ qù xǐ yīfu.

③ 这个行李箱很重，我来我来，你别搬。
Zhèige xínglixiāng hěn zhòng, wǒ lái wǒ lái, nǐ bié bān.

2. 不…了 bù…le：ずっとやっていることをやめたり、決めたことをしなくなったり、ある状態ではなくなったことを表す。

① 他退休了，已经不当老师了。
Tā tuìxiū le, yǐjīng bù dāng lǎoshī le.

② 他们学了一年汉语就不学了。
Tāmen xuéle yì nián Hànyǔ jiù bù xué le.

③ 加了糖，这个菜就不好吃了。
Jiāle táng, zhèige cài jiù bù hǎochī le.

3. 不但…，也… búdàn…, yě…：「…ばかりではなく、…も…」。"不但…，而且…也…"も使う。

① 田中不但喜欢打网球，也很喜欢打羽毛球。
Tiánzhōng búdàn xǐhuan dǎ wǎngqiú, yě hěn xǐhuan dǎ yǔmáoqiú.

② 他不但对我很好，对别人也一样好。
Tā búdàn duì wǒ hěn hǎo, duì biérén yě yíyàng hǎo.

③ 那个地方不但环境好，而且交通也很方便。
Nèige dìfang búdàn huánjìng hǎo, érqiě jiāotōng yě hěn fāngbiàn.

理解问答 lǐjiě wèndá 95

大家都知道，最近中国的经济发展得特别快，人民生活水平提高了，城市面貌也有了很大的变化。

以前，中国是个农业国家，主要经济收入都是靠农业。可是进入1980年后，中国实施了"改革开放"政策，大力发展了第二产业的工业，特别是服装鞋帽、电脑耗材等制造业，产量都是世界第一，因此有"世界工厂"的称号。

2000年以后，中国的第二产业更是发展神速，已成为中国最主要的经济收入来源。人民的收入提高了，生活也有了很大的改善。

除了第二产业以外，中国政府也大力积极发展服务性的第三产业，比如金融业、电讯业、观光业等。这些产业的收入也超过了农业，成为中国第二经济收入来源。特别是观光业，发展更是迅速。如今中国

各 地 的 名胜 古迹, 几乎 都 是 人山人海, 不但 中国
gè dì de míngshèng gǔjì, jīhū dōu shì rénshān-rénhǎi, búdàn Zhōngguó

游客 众多, 外国 游客 也 络绎 不 绝。
yóukè zhòngduō, wàiguó yóukè yě luòyì bù jué.

1 中国在 1980 年以前主要经济收入是靠什么?
Zhōngguó zài yījiǔbālíng nián yǐqián zhǔyào jīngjì shōurù shì kào shénme?

2 在 1980 年后,中国实行了什么政策后,经济就好转起来了?
Zài yījiǔbālíng nián hòu, Zhōngguó shíxíngle shénme zhèngcè hòu, jīngjì jiù hǎozhuǎn qǐlai le?

3 第二产业和第三产业是指什么产业?
Dì èr chǎnyè hé dì sān chǎnyè shì zhǐ shénme chǎnyè?

4 中国为什么有"世界工厂"的称号?
Zhōngguó wèi shénme yǒu "shìjiè gōngchǎng" de chēnghào?

5 中国有哪些产品的产量是世界第一?
Zhōngguó yǒu nǎixiē chǎnpǐn de chǎnliàng shì shìjiè dì yī?

6 2000 年以后中国的主要经济收入来源是什么?
Èrlínglíng nián yǐhòu Zhōngguó de zhǔyào jīngjì shōurù láiyuán shì shénme?

7 中国第三产业的旅游业发展得怎么样?
Zhōngguó dì sān chǎnyè de lǚyóuyè fāzhǎn de zěnmeyàng?

练习 liànxí

1. 音声を聞いて、文のピンインと漢字を書き、日本語に訳しなさい。

① _____

② _____

③ _____

2. 次の文を中国語に訳し、ピンインを書きなさい。

① どうぞ、ここで休んでください。これらの仕事は私がやります。

② 山田さんは英語だけではなく、中国語もフランス語もうまいです。

③ 彼は最近体の調子が悪くなったので、運動をやめました。

3. 次のピンインを読んで、漢字に直し、日本語に訳しなさい。

① Zhèige shǒujī búdàn néng dǎ diànhuà, yě néng shàng wǎng, hái néng mǎi dōngxi.

② Wǒ lái tōngzhī dàjiā, nǐ qù zhǔnbèi míngtiān kāihuì de zīliào ba.

③ Tā běnlái xiǎng qù Zhōngguó liúxué de, hòulái bù zhīdào wèi shénme bú qù le.

第12课 —— 91

复习 3

一、次の中国語の正しいピンインを選びなさい。

1. 相信：① xiāngxìn　② xiānxìng　③ xiàngxìn　④ xiànxìng
2. 产品：① chǎngpíng　② chángpǐng　③ chǎnpǐn　④ chánpǐn
3. 教育：① jiāoyì　② jiàoyì　③ jiāoyù　④ jiàoyù
4. 经济：① jīnjì　② jīngjì　③ jíngjí　④ jínjí
5. 普通：① pǔtōng　② pǔtòng　③ bǔtòng　④ bǔtōng

二、次の単語と同じ声調の組み合わせの単語を選びなさい。

1. 发展：①遵守　②汉族　③小学　④时代
2. 收入：①所以　②建立　③灭亡　④工业
3. 成绩：①基本　②农业　③国家　④优秀
4. 考试：①比重　②开始　③统一　④宗教
5. 历史：①学制　②高中　③私立　④重点

三、空欄に最も適当なものを選びなさい。

1. 他（　）怎么样了我们都不知道。
   ①然后　②后来　③先后　④后

2. 这家餐馆的菜（　）好吃的，我们去别家吧。
   ①没问题　②没办法　③没什么　④没想到

3. 唐朝不但文化发达，经济（　）很发达。
   ①还　②就　③也　④才

4. 以前他常打棒球，现在好像（　）打了。
   ①就　②别　③也　④不

5. 音乐会（　）后，我们去喝咖啡吧。
   ①完　②终了　③结束　④完毕

四、日本語の意味に合う中国語を選びなさい。

1. 中国の経済発展は日本とかなり違う。
   ①中国的经济发展很不跟日本一样。
   ②中国的经济发展跟日本很不一样。
   ③中国的经济发展不很跟日本相同。
   ④中国的经济发展很不跟日本相同。

2. 買い物の後、すぐ姉の家に行った。
   ①我买了东西，后来就去姐姐家了。
   ②我买了东西，然后就去姐姐家了。
   ③买东西之后，就我去姐姐家了。
   ④买东西然后，就我去姐姐家了。

3. 仏教であろうと、キリスト教であろうと、みんな愛と平和を宣伝している。
   ①不论佛教或基督教，就宣传爱与和平。
   ②不论佛教或基督教，都宣传爱与和平。
   ③不论佛教和基督教，都宣传爱还是和平。
   ④不论佛教和基督教，就宣传爱还是和平。

4. 彼は家に急に用事ができて、来週の旅行は行けなくなった。
   ①他家突然有事了，下个星期的旅行他没去。
   ②他家突然有事了，下个星期的旅行他不去。
   ③他家突然有事，下个星期的旅行他没去了。
   ④他家突然有事，下个星期的旅行他不去了。

5. ここは3年前と同じく、そんなに変わってない。
   ①这儿跟三年前一样。没有变化一些。
   ②这儿跟三年前一样。没有改变一些。
   ③这儿跟三年前一样，没什么变化。
   ④这儿跟三年前一样，没那么改变。

五、日本語の意味になるように、①〜④を並べ替えた時に（　　）に入るものを選びなさい。

1. 彼は重点校で英語を3年間教えた。
   他在重点学校 ＿＿＿ ＿＿＿ （＿＿＿） ＿＿＿。
   ①英语　　　②了　　　③三年　　　④教

2. あなたはみんなに中国の学制をちょっと紹介してください。
   你（＿＿＿）＿＿＿ ＿＿＿ ＿＿＿ 中国学制吧。
   ①来　　　②大家　　　③给　　　④介绍一下

3. 彼はお父さんと同じくずっと痩せている。
   他（＿＿＿）＿＿＿ ＿＿＿ ＿＿＿ 很瘦。
   ①跟　　　②一直　　　③他爸爸　　　④一样

4. 彼はいま、北京で仕事をしなくなった。
   他现在 ＿＿＿ ＿＿＿ （＿＿＿） ＿＿＿ 了。
   ①工作　　　②不　　　③北京　　　④在

5. 今の若者は何か信仰を持っているわけでもない。
   现在的年轻人 ＿＿＿ ＿＿＿ （＿＿＿） ＿＿＿。
   ①什么　　　②没　　　③都　　　④信仰

「会话」「理解问答」日本語訳

第 1 課　中国料理

【会話】

李紅：日本料理と言えば、人々はお寿司や刺身を思い浮かべるでしょう。それでは中国料理と言えば、あなたは何を思い浮かべますか。

王偉：そうですね、北京ダックが思い浮かびます。

李紅：北京ダックは北京で有名なだけです。上海や四川ではそんなに有名ではありません。上海では、ショーロンポーあるいはワンタンかもしれません。四川では、間違いなくマーボー豆腐か火鍋です。

王偉：そうそう、マーボー豆腐と火鍋を食べたことがあるのですが、辛くて死にそうでした。この二つの料理は名実ともに四川料理ですが、中国料理の代表ではありません。

李紅：それでは、餃子はどうですか。中国料理の代表と言えるでしょうか。

王偉：恐らく南方の人は同意しないでしょう。南方の人はそんなに餃子を食べません。例えば、上海の人はワンタンが好きですし、広東の人はシューマイが好きです。

李紅：それでは、どんな食べ物が中国の代表と言えるのですか。

王偉：私はご飯だと思います。国じゅうの人々がご飯が好きです。

李紅：そんなことないでしょう。日本人もご飯が好きですよ。それに、山東の人はマントーが好きで、ご飯はあまり食べないそうですね。山西の人もあまりご飯は食べず、麺類が好きだそうですね。

王偉：ああ！　中国はあんなに広いのですから、食べる物も当然各地で異なります。中国の最も代表的な料理を一つ選ぶのは無理ですよ。

【読解】

　中国料理と言えば、あなたは何を思い浮かべるだろうか。北京ダック？　餃子？　それともマーボー豆腐だろうか。

　北京ダックは北京で有名なだけで、上海や四川ではそんなに有名ではないと言う人がいるかもしれない。上海の人はショーロンポーやワンタンが好きで、さらに四川の人は辛い物なしではいられず、マーボー豆腐や火鍋を最も愛すると。

　それでは餃子は中国料理の代表と言えるだろうか。おそらく南方の人はまたもや同意しないだろう。餃子より、上海の人はワンタンの方が好きだし、広東の人はシューマイの方が好きであり、各地方にはそれぞれ愛する料理があるのだ。

　では、中国を代表する料理とは一体何だろうか。ご飯だと言う人もいる。あなたはどう

思う？

　ありえないだろう！　ご飯は料理ではなく、主食なのだから。それに、日本人もご飯が好きだ。聞くところによると、山東の人はマントーを好み、山西の人は麺類を好み、ご飯はあまり食べないそうだ。

　長々と話してきたが、中国を代表する料理は一つもないのだろうか。

　ああ！　中国はあんなに広いのだから、当然食べ物も各地で異なり、最も代表的な中国料理を一つ選ぶのは本当に無理なのだ。

第2課　中国の飲み物

【会話】

李紅：前回私たちは食べ物について話しましたが、今日は飲み物について話しましょう。

王偉：中国にはいろいろな飲み物があります。最も代表的な飲み物は何だと思いますか。

李紅：チンタオビールでしょう！　みんな知っています。日本人もよく飲みます。

王偉：ビールは中国の伝統的な飲み物ではありませんから、中国の代表にはなれません。

李紅：それなら絶対にお茶です。中国はお茶の原産地なんですよ。

王偉：紀元前何千年には中国人はお茶を薬としていたそうです。紀元前200何年かの秦や漢になると飲み物になり、今に至って、すでに二千年以上お茶を飲む歴史があります。

李紅：それから、中国茶は種類が非常に多いそうです。緑茶、紅茶、黒茶、白茶、青茶などがあるとか。

王偉：では、ジャスミン茶やウーロン茶は何茶に属するのですか。

李紅：ジャスミン茶は加工した花茶で、ウーロン茶は青茶です。

王偉：そんなにたくさんの種類のお茶で、一般の中国人は何茶が一番好きか知っていますか。

【読解】

　中国には多種多様な飲み物があるが、いったい何が最も代表的な飲み物と言えるだろうか。

　茅台酒と言う人もあれば、チンタオビール、ウーロン茶と言う人もあるだろう。何と言おうと、お茶が中国の飲み物の代表と言っても、恐らく、だれも反対しないだろう。なぜだろうか。それは、中国はお茶の原産地であり、中国でお茶を飲む歴史がとてつもなく長いからである。紀元前何千年かには早くもお茶を薬としていた。秦朝になると、お茶を飲み物として飲むようになり、現在まですでに二千年以上の歴史がある。

　お茶は中国で長い歴史があるだけでなく、種類もことのほか多い。製造方法の違いによ

り、主に緑茶、紅茶、黒茶、白茶、黄茶、青茶の六種類に分けられる。

　緑茶は不発酵で、ロンジン茶が代表である。紅茶は完全発酵で、主なものにキーマン紅茶がある。黒茶は後発酵で、主なものにプーアール茶があり、少数民族が好んで飲むお茶である。白茶は弱発酵で、主なものに銀針茶がある。黄茶は弱後発酵で、主なものに大葉青茶がある。青茶は半発酵で、主なものにウーロン茶がある。

　その他に花茶や薬茶があり、加工茶に分類される。花茶のほとんどは、緑茶と香りに富んだ花を加工して製造され、主なものにジャスミン茶がある。薬茶はいろいろなお茶に薬草を加えて製造され、主なものに減肥茶がある。

　このようにたくさんの種類のお茶の中で、緑茶の生産量が最も多く、一般の中国人に最も好まれているお茶でもある。

第3課　中国のお菓子

【会話】

劉健：さあ、中国で買って来たお菓子を召し上がれ、とてもおいしいですよ。

田中：これは何ですか。日本のきな粉餅みたいですね。

劉健：これは北京の有名なお菓子で、"驴打滚（リューダーグン）"といいます。"驴（リュー）"は「ろば」、"打滚（ダーグン）"は地面を転がる様子を指します。このお菓子は、ろばが地面を転がって全身泥だらけになっているのにそっくりだということです。

田中：この名前はあまり聞こえはよくありませんが、結構おいしいです。

劉健：外側のこれがきな粉で、中には小豆のあんがあります。さあ、もう一つどうぞ。食べながら話しましょう。

田中：あなたは上海や天津に行って、他のお菓子を食べませんでしたか。

劉健：食べました。上海の"芝麻酥"「ゴマスー」や"緑豆酥"「緑豆スー」はとてもおいしかったし、天津の"大麻花（ダーマーフア）"も素晴らしかったです。

田中：中国は各地に変な名前のお菓子がたくさんあって、例えば「女房パイ」「大口笑い」などがあるそうですね。

劉健：「女房パイ」がどんなお菓子か知っていますか。

田中：知っています。食べたことがあります。はじめは、おばあさんが作ったパイかと思いましたが、後で"老婆"は妻の意味で、「女房パイ」は妻が作ったとてもおいしいパイで、おばあさんが作ったパイではないと知りました。

【読解】

　中国は全国各地にいろいろな風味豊かでおいしいお菓子があり、各地の人々や外国の友

人に愛されている。例えば、北京の"驴打滚（リューダーグン）"、上海の"芝麻酥（ジーマースー）"、天津の"大麻花（ダーマーフア）"などはとても人気がある。

北京の有名なお菓子"驴打滚（リューダーグン）"は、名前は変だが、とてもおいしい。外側のきな粉が泥、中の餅がろばの色で、ろばが地面を転がって全身泥だらけになったようなので"驴打滚（リューダーグン）"というのだ。

いくつか中国のお菓子で名前の付け方がとても面白いものがある。北京の"驴打滚（リューダーグン）"以外にも、"开口笑（カイコウシアオ）"「大口笑い」、"老婆饼（ラオポービン）"「女房パイ」などがある。初めて耳にしただけではどんなものかまったく想像できないお菓子である。

中国で最も特徴のあるお菓子と言えば、恐らく"酥（スー）"に違いない。"酥（スー）"とは、小麦粉で作ったお菓子で、皮は柔らかくてくずれやすい。全国各地にそれぞれ特色のある"酥（スー）"がある。例えば、四川の"椒盐花生酥"「塩辛いピーナッスー」、上海の"芝麻酥"「ゴマスー」、台湾の"凤梨酥"「パインスー」などである。他にも、"枣泥酥"「なつめスー」とか、"栗子酥"「栗スー」とか、"豆沙酥"「あんこスー」などもある。

中国のお菓子は各地で異なり、名前は同じでも作り方や味が異なることもある。これから中国を旅行するとき、どうぞできるだけいろいろな味の中国のお菓子を食べてみていただきたい。

第4課　中国のスポーツ

【会話】
伊藤：中国のスポーツと言ったら、日本人ならみな卓球だと言うでしょう。
陳勇：その通りです。中国の卓球はものすごくて、ほぼ天下無敵です。
伊藤：卓球以外に、中国で最も人気のあるスポーツは何ですか。
陳勇：バドミントンかバスケットボールではないかと思います。毎日夕方になると、多くの校庭や工場の空き地でだれかしらバドミントンやバスケットボールをしています。
伊藤：サッカーはどうですか。日本ではとても人気がありますが、中国人はサッカーが好きですか。
陳勇：好きなことは好きですが、見るのが好きなだけで、するのはあまり好きではないかもしれません。
伊藤：あなたが言っているのは、若い人たちが好きなスポーツですよね。年配の人たちはどんなスポーツが好きなのですか。
陳勇：中高年の人は、以前は太極拳が好きでしたが、今はみな"广场舞"「広場ダンス」が好きです。

伊藤：そうそう。今たくさんの中高年の人々が夕食後、家の近くの広場で一緒にダンスをするのが好きだそうですね。

陳勇：高齢の人がダンスをして体を鍛えるのはいいことですが、「広場ダンス」の音楽がうるさくて休めないと言う人がたくさんいるそうです。

【読解】

　中国で最も人気があるスポーツは、言うまでもなくまず挙げられるのは卓球である。中国の卓球チームはここ最近何年かずっと世界のスポーツ界で連覇を重ね、まったく天下無敵である。

　卓球以外では、バドミントンとバスケットボールも人気がある。昼休みには、たくさんの工場の空き地のどこでもバドミントンをする人が見られる。夕方ともなると、校庭のコートでも必ず多くの人がバスケットボールをしている。

　21世紀に入ってから、サッカー熱が全世界を吹き荒れ、中国の人々も熱狂させた。老若男女を問わず、サッカーのワールドカップに夢中になった。ワールドカップが開催されるたびに、道行く車や人が突然少なくなり、みなテレビの前でサッカーの試合を見るのだ。テレビのスポーツチャンネルでは毎日サッカーの番組を放送している。しかし、多くの中国人は、見るのは好きだが、サッカーをするのが好きとは限らない。

　上に述べたように、卓球、バドミントン、バスケットボール、サッカー、それからバレーボール、テニスはどれも運動量がわりと多いスポーツで、中高年の人々には適していない。中国の中高年の人々は、昔は太極拳を好んだものだが、今は「広場ダンス」が好きだ。「広場ダンス」は、たくさんの中高年の人が、夕食後、家の近くの広場や公園に集まって、スピーカーから流れる音楽に合わせて一緒にダンスをするものだ。社交ダンスを踊ったり、ヤンコ踊りを踊ったりする人もいる。このような「広場ダンス」は中高年の人々が体を鍛える活動のようなものだが、何せ、参加する人が多すぎるものだから、音楽がうるさすぎて、近隣の住民の不満が高まり、社会問題にまでなっている。

第5課　中国の自然と地理

【会話】

孫燕：中国の面積がどれくらいかご存知ですか。

木村：知っています、日本の25倍でしょう。およそ960万 km^2 です。

孫燕：その通りです。面積は広いのですが、山地や高原が多くて、全面積のほとんど3分の2を占めています。

木村：そんなに多いのですか！　それでは、平野はとても少ないでしょう？

孫燕：そうです。それらの山地や高原は西部に集中し、西高東低の地形になっていて、河

川はみな東に向かって流れ、太平洋に注いでいます。
木村：どうりで、長江や黄河、黒竜江、珠江など主な河川は西から東に流れているんですね。
孫燕：それでは、中国の気候はどうでしょうか。ご存知ですか。
木村：中国はそんなに広いのですから、各地の気候もきっと同じではないでしょう。
孫燕：そうです、東西南北の違いはとても大きいです。北は寒さが厳しく、南は温暖で、西は乾燥していて、東は湿度が高いです。
木村：そんなに差が大きかったら、生活習慣もきっと同じではないでしょう。

【読解】

中国は面積が広く、約960万km²で、日本の25倍に相当する。南北の長さは約5500km、東西の長さは約5000kmである。

中国は面積は広いが、山地が多く、平野が少ない。山地は全国の面積の約3分の2を占め、しかも、ほとんど西部に集中しており、西高東低の地形を形成している。長江、黄河、黒竜江、珠江など主な河川はみな西から東に流れ、太平洋に注いでいる。

中国は面積が広いため、気候も各地で異なる。一般的には、北は寒さが厳しく、南は温暖で、西は乾燥し、東は湿度が高い。具体的な気候は、各地で著しく異なる。例えば、同じ雲南省の都市でも、昆明は年中春だが、麗江の冬は少しも暖かくない。同じ四川省でも東部は盆地のため、亜熱帯気候に属するが、西部は青蔵高原の一部であるため、高山気候に属する。

中国各地の気候は誠に千差万別であり、今、中国の気候はどうですか、などと尋ねるのは妥当とは言えない。具体的な場所について尋ねるべきである。例えば、今、北京の気候はどうですか、今、重慶の気候はどうですか、などである。

第6課　中国の行政区

【会話】

趙英：森本さん、日本には県レベルの行政区がいくつあるかご存知ですか。
森本：47です。北海道と、東京都、大阪府、京都府、さらに広島など43県です。
趙英：日本の県は、中国の省に相当すると思います。そうだ、中国には省レベルの行政区がどのくらいあるかご存知ですか。
森本：知っていますよ、34です。四つの直轄市と、五つの自治区、二つの特別行政区、23の省です。
趙英：すごいですね！ 素晴らしい。23の省を全部言えますか。
森本：まさか！ 私が覚えているのは、四つの直轄市の北京と上海、天津、重慶だけです。

その他は覚えきれません。
趙英：二つの特別行政区は覚えやすいですよ。香港とマカオです。
森本：五つの自治区は、五つの少数民族の地域のようですね。新疆とチベット、内モンゴル、あとの二つは忘れました。
趙英：寧夏と広西です。では、23の省は？
森本：私は四川料理の四川と、広東料理の広東、それから、福建と台湾しか覚えてないです。

【読解】

中国の最上位の行政単位は「省」で、日本の「県」に相当する。

中国の省レベルの行政区は省だけではなく、23の省以外にも、四つの直轄市、五つの自治区、二つの特別行政区が含まれる。

23の省は、北から、黒竜江、吉林、遼寧、甘粛、河北、山西、陝西、青海、山東、河南、江蘇、安徽、四川、湖北、浙江、江西、湖南、貴州、雲南、福建、広東、台湾、海南である。

四つの直轄市は、北京、上海、天津、重慶で、いずれも人口の多い重要な都市であるため、中央政府の直接管轄になっている。

五つの自治区は、新疆ウイグル自治区、チベット自治区、内モンゴル自治区、寧夏回族自治区、広西チワン族自治区である。これは五つの少数民族が比較的集中している地域である。少数民族の優遇のために、彼らの風俗や習慣に沿った自治ができるようにということで、自治区という。

香港とマカオは返還後、現地の繁栄を維持するために、本来の資本主義社会経済制度と生活様式をそのまま保持する。それは他の省と同じではないので、特別行政区と言う。

34の省レベルの行政区を一度に覚えるのは容易ではないだろうから、一つ一つゆっくり覚えるしかない。まず興味があったり、行ったことのあるところから覚えたらどうだろうか。

第7課　中国の人口と民族

【会話】

中野：今中国の人口はどれくらいですか。
梁義：およそ14億です。
中野：14億、そんなに多いのですか。日本の人口はたったの1億あまりですよ。
梁義：世界の全人口は70億以上ですから、中国はその5分の1を占めることになります。
中野：中国は14億の人口の中に、多くの民族があるそうですね。
梁義：その通り、たくさんの民族があります。といっても、主なものは漢民族で、全人口

の92％を占めています。
中野：その他の8％（を占めるの）は、どんな民族ですか。
梁義：中国ではそれらの民族を少数民族と呼んでいます。8％しかありませんが、全部で55の民族がありますよ。たとえば、チベット族、回族、チワン族などです。
中野：そんなに多いのですか。その人たちは、自分の言語や文字を持っているでしょうね。
梁義：持っています。ほとんどは自分たちの言語も文字もあり、言語はあるけれども文字を持たない民族がわずかだけあります。

【読解】

　現在中国の人口は約14億で、全世界の人口の5分の1を占めており、世界で最も人口が多い国である。ほぼ5人に1人が中国人だということになる。

　中国の14億の人口で、主なものは漢民族で、全人口の約92％を占め、残りの8％は55の少数民族である。この55の民族は人口が少ないので少数民族と呼ばれ、主なものに、チワン族、満州族、回族、ミャオ族、チベット族などがある。その中で、チワン族が最も人口が多く、約1600万人、次いで満州族、回族、ミャオ族、ウイグル族である。

　これらの少数民族の中で、ほとんどはもともと自分の言語を持つだけで文字は持たなかった。独自の伝統的な言語や文字を持つものはわずかであった。例えば、モンゴル族や朝鮮族などである。1949年中華人民共和国が成立してから、政府は中国語と漢字の使用を大々的に推し進め、一部の少数民族には自分たちの文字を作る援助をした。

　今は、ほとんどの少数民族は自分の言語と文字を持つようになった。しかし、回族や満州族などの一部の少数民族は、漢字の使用に慣れており、すでに自分の言語や文字を使わなくなっている。その他ほとんどの少数民族は、まだ同時に自分の言語や文字と中国語や漢字を使っている。例えば、チワン族やモンゴル族である。わずかの自分の文字を持たない少数民族は、他の民族の文字あるいは漢字を用いている。

第8課　中国の言語

【会話】

趙明：あなたは中国語を2年習って、中国語はどんな特徴があると思いますか。
中島：私は、中国語の特徴は三つあると思います。一つ目は中国語は漢字しかないということ、二つ目は中国語は四つの声調があること、三つ目は中国語の動詞と形容詞は過去、現在、未来の変化がないことです。
趙明：まとめ方が素晴らしいですね。それでは、中国語のどんなところが比較的難しくて、最も困るところですか。
中島：私たち日本人にとって、声調が最も困りますが、漢字は習う必要がありません。

趙明：私は、日本人が中国語を習うのは、欧米人より随分易しいと思います。ねえ、方言も話せるとか、そうなんですか？
中島：いえいえ！ちょっと広東語が話せるだけです。
趙明：本当にすごいですね！普通話も話せるし、広東語も話せるなんて。
中島：とんでもない、ほめすぎですよ。
趙明：知ってますか。中国語は七つの方言があり、しかもそれぞれの方言の中にまた違う小方言があるんですよ。
中島：また違う小方言があるのですか。そんなに複雑なのですか。一体、中国全体ではどのぐらい方言があるのですか。

【読解】
　中国語には主に大きな特徴が三つある。一つ目は、中国語の文字はすべて漢字であること。二つ目は、中国語は四つの声調があり、それぞれの声調により意味が異なること。三つ目は、動詞と形容詞は時制の変化がなく、名詞も単数、複数の変化がないことである。
　この三つの特徴から見てみると、中国語学習は日本人にとって、文字と文法はそれほど難しくはなく、声調がどちらかというと面倒なだけだ。しかし、欧米人に比べれば、日本人が中国語を学習するのは比較的易しい。発音に少し時間をかけさえすれば、中国語は習得できるはずである。
　それから、中国語はたくさんの方言がある。中国語には七大方言があるそうだ。北方方言、贛方言、湘方言、粤方言、閩方言、客家方言、呉方言である。それぞれの方言の違いは大きく、同じ中国人でも、四川人は広東語を聞いてもわからないし、同様に広東人は四川語を聞いてもわからない。そのうえ、それぞれの方言の中に、さらに通じない小方言がいくつかある。例えば、同じ閩方言でも、福建語と福州語はまったく異なる。そういうわけで、中国は川を渡ったり、山を越えたりするだけで言葉が通じなくなる、という人もいるくらいだ。
　しかし、中華人民共和国成立後、政府は大々的に普通話を推し進めた。それは、北京方言を基本にした共通語である。現在学校では、みな普通話を学び、高齢の農民や、少数民族のわずかな人が普通話を話せないのを除けば、若い人はほとんどが普通話を話すことができるようになった。

第9課　中国の歴史

【会話】
王康：今日は中国の歴史について簡単に2人で代わりばんこに話しましょう。よろしいですか。

李梅：いいですよ。私が話したあとに続けてください。私から始めます。中国は五千年以上の歴史があり、紀元前2070年の夏王朝から始まったのです。

王康：夏の次は商、商の次は周、そして周は西周と東周に分かれました。東周は春秋戦国時代とも言います。

李梅：春秋戦国時代、全国は数多くの小国に分かれていました。その後、紀元前221年に秦が天下を統一し、秦朝を建国しました。

王康：秦の次は漢です。漢は西漢と東漢に分かれました。東漢のあとは三国時代で、そのあと、晋朝、南北朝に続きます。

李梅：南北朝の次は隋で、そのあとが有名な唐です。唐は大体西暦618年から907年までです。

王康：唐の次は宋で、宋の次はモンゴル人が建国した元です。1368年に元が滅亡したあとが明です。

李梅：明の次が清で、清朝も漢族ではない満州族が統治した王朝です。西暦1644年から1911年までです。

王康：1911年、孫中山が指導した辛亥革命により、清を倒し、中華民国を建国しました。

李梅：1949年に中国の共産党が中華人民共和国を建国し、ずっと現在に至ります。

【読解】

　中国の歴史は悠久であり、五千年の長きにわたる。最も初期の王朝は夏王朝であり、紀元前2070年に始まった。夏王朝の次は商である。商は文字に記載された最も早い王朝で、紀元前1600年に始まった。商のあとは周で、周は西周と東周に分かれた。東周の天子の勢力が衰退すると、各諸侯が土地を分割し、権利を奪い合い、お互いに戦争を起こした。前半を春秋時代、後半を戦国時代と呼ぶ。

　紀元前221年、秦の始皇帝が中国を統一し、秦朝を建国した。しかし秦朝は統一してからわずか15年で滅亡した。それに取って代わったのは漢である。その漢も西漢と東漢に分かれた。東漢のあとが三国時代で、そのあとが、晋、南北朝である。

　南北朝のあとが隋で、そのあとが有名な唐である。唐は西暦618年から907年まで、300年近く続いた。中国の歴史上、最も輝かしい時代である。政治はもとより経済、文化は当時において、すべてが世界の頂点であった。当時日本も多くの遣唐使を中国に送り、留学させた。

　唐のあとは宋であり、宋はモンゴル人により滅亡し、モンゴル人は元を建国した。元の次が明である。明朝は1644年に満州族により滅亡し、満州族は清を建国し、1911年まで続いた。

　1911年、孫中山（孫文）が指導した辛亥革命により、清朝は倒され、中華民国を建国した。その後、1949年10月1日、中国共産党が中国を解放して、中華人民共和国を建国し、現在に至る。

第10課　中国の教育

【会話】

高橋：中国の学校制度は633制ですか。

陳玲：そうです。基本的には、小学校6年、中学校3年、高校3年です。地方によっては543制を実施し、すなわち、小学校5年、中学校4年、高校3年の所もあります。

高橋：それらの学校は全部国立ですか。私立学校はないのですか。

陳玲：あります、私立学校もいくつかあります。ですが、学費が大変高いです。

高橋：聞いたところでは、国立の学校は、重点学校と普通学校に分かれているそうですが、本当ですか。

陳玲：そうです。多くの大都市には、重点小学校、重点中学高校があります。成績が優秀でなければ入れません。

高橋：それでは、普通学校は？　誰でも入れますか。

陳玲：いいえ、小学校は入学試験を受けなくてもいいですが、それ以外は中学校も、高校も、大学も入試があります。

高橋：最後に一つ質問ですが、大学入試の"高考（ガオカオ）"は、競争のプレッシャーが非常に大きいということですが、そうなのですか？

陳玲：おっしゃる通りです。プレッシャーは非常に大きいです。高校生ならば、大学受験が怖くない者はいないのです。

【読解】

　中国の学校制度は基本的には633制で、すなわち小学校6年、中学校3年、高校3年である。地方によっては543制を実施しており、すなわち小学校5年、中学校4年、高校3年である。大学の学部は基本的にはすべて4年で、医学と建築学などの専門は5年勉強しなければならない。

　中国は、9年間の義務教育を規定しており、学齢に達した者はすべて学校教育を受けなければならない。はとんどの学校は国立であり、最近ではいくつかの私立学校もできたが、学費はとても高い。国立の学校は義務教育の9年間は学費を払う必要がなく、雑費をいくらか払うだけである。

　数多くの都市では、小中学校は重点学校と普通学校の区別がある。重点学校は成績が比較的優秀で、レベルの高い学校である。義務教育の9年間は普通学校と同じで、学費の納入の必要はないが、雑費が比較的高額で、学習課程や学習時間は普通学校とはまったく異なる。

　世界中どこでも学生は入試を恐れているが、中国も例外ではなく、他の国よりさらに入試を恐れているかもしれない。普通学校の小学校に入る以外は、中学、高校、大学はいずれも入試がある。特に大学入試の"高考（ガオカオ）"は競争が非常に熾烈で、プレッシャー

も大きい。聞くところでは、大学進学率は約80%だが、比較的良い大学に入りたいなら、天に昇るほど難しい。高校生は3年になると、本人のプレッシャーもさることながら、教師や親までも毎日居ても立ってもいられない。

第11課　中国の宗教

【会話】

加藤：王海さん、あなたの宗教は何ですか。

王海：私は何の宗教も信仰していませんが、家族は仏教を信仰しています。

加藤：楊紅さんは？　彼女はイスラム教徒だそうですが、そうですか？

王海：そうです。彼女は豚肉を食べません。食べるのは牛肉と鶏肉だけで、一日に5回礼拝しなければなりません。

加藤：あれ？　彼女は漢族ではありませんか？　漢族は普通仏教を信仰していると聞きましたが。

王海：その通りです。ほとんどの漢族は仏教や道教を信仰していますが、イスラム教やキリスト教を信仰している人もいるのです。

加藤：道教って何ですか。仏教とどんな違いがあるのですか。

王海：道教は中国の民間の宗教の一つで、大自然を崇拝し、万物が神であるとし、どんな物でもまつります。

加藤：それは日本の神道ととても近いです。けれども、日本では、神道の信徒もお寺に参拝して、観音菩薩を拝みますよ。

王海：中国も同じです。観音菩薩を信仰する仏教信者も老子や孔子、関羽、土地の神を拝みます。

【読解】

　中国の宗教は、主に仏教と道教、イスラム教、（キリスト教の）カトリックとプロテスタントである。漢族のほとんどは主に仏教と道教を信仰しているが、（キリスト教の）プロテスタントとカトリック、イスラム教徒も少なくない。少数民族は自分たちの伝統的な宗教があり、例えば回族の人はイスラム教を信仰している。

　中国の仏教、イスラム教、プロテスタント、カトリックは世界各地と同じである。全国各地に仏教の"寺"、道教の"廟"や"観"、イスラム教の"清真寺"（モスク）、プロテスタントやカトリックの教会を目にすることができる。

　これらの宗教の中で、最も中国らしい特徴があるのが道教である。道教は中国の民間の宗教で、道家思想から発展してきたものである。老子を始祖とし、自然を崇拝し、万物をすべて神とする。天地や山河、老子、孔子などの古代の人物を拝み、さらに閻魔王や孫悟

空などの伝説上の人物も拝む。

　中国の人々は宗教の信仰の自由があるが、大多数の人は何の宗教も信仰していない。しかし最近各寺院には線香の煙が絶えず、宗教を信仰する人は段々増えてきている。

　少数民族はほとんど宗教の信仰があり、例えば、チベット族やモンゴル族、ナシ族はチベット仏教、すなわちラマ教を信仰している。回族やウイグル族などはイスラム教を信仰し、その他の民族も原始的な自然を崇拝したり、多神教を信仰している。

第12課　中国の経済

【会話】
林遠：鈴木さん、今日私たちは中国の経済問題について話しましょうか。
鈴木：いいですよ。けれども、経済問題は話しにくいですね。なぜかというと、どの国の経済もずっと発展し変化しているからです。
林遠：その通りです。中国の経済は発展が特に速いです。
鈴木：以前中国の経済は農業が主要でしたが、今はそうではなくなったと聞きましたが、そうですか？
林遠：そうです。今は第二次産業の工業、製造業が主な経済の支えになっています。
鈴木：どうりで中国は世界の工場の称号を得ているのですね。
林遠：いま日本の「百円ショップ」の商品はほとんど中国製ですよ。
鈴木：日本だけでなく、数多くの国の製品が中国製だそうですね。
林遠：さらに中国では第三次産業の金融業や通信業、観光業も大きな割合を占めています。
鈴木：本当ですね。私が中国を旅行していた時、中国人の観光客だけでなく、外国人の観光客も多く見かけました。

【読解】
　みなさんご存知の通り、最近中国経済の発展は特に速く、人々の生活水準も高くなり、都市の様相も大きく変わった。

　以前中国は農業国家であり、主な経済の収入は農業によるものであった。しかし1980年以降、改革開放政策を実施してから、第二次産業の工業、特に服飾品やコンピューターの消耗品などの製造業が大きく発展し、生産量は世界一になり、「世界の工場」の称号を得ている。

　2000年以降、中国の第二次産業の発展はますます加速し、すでに中国経済の収入源のトップになった。国民の収入が増え、生活も大きく改善した。

　第二次産業以外では、中国政府はサービス業である第三次産業、例えば金融業、通信業、

観光業の発展にも積極的に力を入れている。これらの産業の収入も農業の収入を上回り、中国経済の第二の収入源となっている。特に観光業の発展は迅速である。例えば、中国各地の名所旧跡はどこも人の山、人の海で、中国人観光客だけでなく、外国からの観光客も途絶えることがない。

日本語から引く語彙索引

「词汇」と、本書でとりあげた語彙を五十音順で配列した。数字はページ数を示す。
※『400語で学ぶ中国語入門』で既習の語彙、HSK1級と2級の語彙、固有名詞の一部を除く。

あ行

日本語	中国語	ピンイン	ページ
あ！	咦	yí	52
ああ！	唉	ài	7
愛する	爱	ài	7
青茶	青茶	qīngchá	13
上がる	上	shàng	76
空き地	空地	kòngdì	25
挙げる	举出	jǔchū	23
味	味道	wèidào	23
アジア	亚洲	Yàzhōu	57
小豆のあん	豆沙	dòushā	20
暖かい	暖和	nuǎnhuo	39
新しい課	新课	xīn kè	69
集まる	聚集	jùjí	30
あと	后	hòu	16
亜熱帯	亚热带	yàrèdài	39
あまり	多	duō	51
…あまり	…多	…duō	12
あまりよく…しない	不常	bù cháng	6
謝る	道歉	dàoqiàn	79
アラビア語	阿拉伯语	Ālābóyǔ	53
あるいは	或	huò	6
	或者	huòzhě	6
ある長さに達する	长达	chángdá	70
あん	馅儿	xiànr	20
暗記する	背书	bèishū	60
いい	可以	kěyǐ	68
いい加減に	乱	luàn	18
言い出す	说出来	shuōchūlai	42
言うまでもなく	不用说	búyòng shuō	29
家	房子	fángzi	60
医学	医学	yīxué	77
以後	以后	yǐhòu	23
維持する	维持	wéichí	47
以上	多	duō	51
イスラム	伊斯兰	Yīsīlán	80
イスラム教	伊斯兰教	Yīsīlánjiào	81
以前	以前	yǐqián	26
1位の座を占める	称霸	chēngbà	29
一部の	有些	yǒuxiē	22
一緒に	一起	yìqǐ	26
一体	到底	dàodǐ	9
一般的な	普通	pǔtōng	75
一般的に言えば	一般来说	yìbān lái shuō	39
いつも	常常	chángcháng	6
居ても立ってもいられない	坐立不安	zuòlì-bù'ān	78
犬	狗	gǒu	11
今のところ	如今	rújīn	55
威力	威力	wēilì	44
いろいろ	各种各样	gèzhǒng gèyàng	13
インスタントラーメン	方便面	fāngbiànmiàn	8
ウイグル族	维吾尔族	Wéiwú'ěrzú	55
ウーロン茶	乌龙茶	wūlóngchá	13
受け取る	接	jiē	68
受ける	受	shòu	22
牛	牛	niú	80
（政権を）打ち倒す	推翻	tuīfān	68
うるさい	吵	chǎo	26
	吵闹	chǎonào	30
運営する	办	bàn	75
選び出す	选出	xuǎnchū	7
閻魔王	阎罗王	Yánluówáng	83
おいしい	美味	měiwèi	22
黄金時代	黄金时代	huángjīn shídài	70
王朝	王朝	wángcháo	70
	朝代	cháodài	71
…王朝	…朝	…cháo	16
欧米	欧美	ŌuMěi	59
多い	众多	zhòngduō	46
おかしい	奇怪	qíguài	20
	古怪	gǔguài	23
お菓子と軽食の総称	糕点	gāodiǎn	20
お金持ちの子女	富二代	Fù'èrdài	15
拝む	拜	bài	81
	祭拜	jìbài	81
お客さん	客人	kèren	8
億	亿	yì	51
奥さん	老婆	lǎopo	20
怒る	生气	shēngqì	15
	批评	pīpíng	28
起こる	发生	fāshēng	71
おしゃべりする	聊	liáo	20

恐らく	恐怕	kǒngpà	7
お茶の葉	茶叶	cháyè	17
OK	可以	kěyǐ	68
踊り	舞	wǔ	26
お腹がすく	饿	è	8
おばあさん	老婆婆	lǎopópo	20
覚えている	记得	jìde	43
覚えやすい	好记	hǎo jì	43
覚える	记	jì	43
重い	重	zhòng	88
思い出す	想起	xiǎngqǐ	6
思いもよらなかった	没想到	méi xiǎngdào	21
主な	主要	zhǔyào	16
	主	zhǔ	86
主なもの	支柱	zhīzhù	87
親	父母	fùmǔ	18
およそ	大约	dàyuē	68
終わらせる	结束	jiéshù	68
終わる	结束	jiéshù	68

か行

ガールフレンド	女朋友	nǚpéngyou	41
改革する	改革	gǎigé	89
会議	会议	huìyì	45
解決する	解决	jiějué	44
改善（する）	改善	gǎishàn	89
回族	回族	Huízú	51
解放する	解放	jiěfàng	71
開放する	开放	kāifàng	89
香り	香味	xiāngwèi	17
香りがよくて甘い	香甜	xiāngtián	22
各自	各自	gèzì	22
学者	学者	xuézhě	14
各種	各种	gèzhǒng	17
各所（で）	各处	gè chù	83
各地	各地	gè dì	7
学長	校长	xiàozhǎng	11
学費	学费	xuéfèi	74
掛ける	挂	guà	15
過去	过去	guòqù	59
加工する	加工	jiāgōng	13
重なっているもの	层	céng	19
数が多いことを表す語気詞	就	jiù	51
かすかである	轻微	qīngwēi	17
学校制度	学制	xuézhì	74
学校に上がる	上学	shàngxué	77
活動	活动	huódòng	30
家庭	家庭	jiātíng	21
	家里	jiāli	80

課程	课程	kèchéng	77
…ができる	…出来	…chūlai	43
悲しい	伤心	shāngxīn	11
必ず	肯定	kěndìng	7
	一定	yídìng	36
可能である	会	huì	6
神	神	shén	81
辛い	辣	là	7
…から…へ	由…往	yóu…wǎng	35
かりんとうのようなお菓子	麻花	máhuā	20
川	河流	héliú	35
	河	hé	61
川など細長い物の量詞	条	tiáo	61
変わる	改变	gǎibiàn	69
関羽	关帝爷	Guāndìyé	81
管轄する	管辖	guǎnxiá	46
環境	环境	huánjìng	88
歓迎される	受欢迎	shòu huānyíng	25
観光	观光	guānguāng	87
観光客	游客	yóukè	87
韓国語	韩语	Hányǔ	57
漢字	汉字	Hànzì	18
乾燥している	干燥	gānzào	36
広東語	广东话	Guǎngdōng huà	59
観音菩薩	观音菩萨	Guānyīn púsà	81
漢方薬	中草药	zhōngcǎoyào	17
木	树	shù	28
聞いて気持ちいい	好听	hǎotīng	19
紀元前	公元前	gōngyuánqián	13
危険である	危险	wēixiǎn	21
気候	气候	qìhòu	36
記載する	记载	jìzǎi	70
技術	技术	jìshù	85
鍛える	锻炼	duànliàn	26
きっと	一定	yídìng	36
規定する	规定	guīdìng	77
祈祷する	祈祷	qídǎo	80
きな粉	黄豆粉	huángdòufěn	20
基本的に	基本上	jīběnshàng	75
義務	义务	yìwù	77
キャンパス	校园	xiàoyuán	25
教育	教育	jiàoyù	21
教育を受ける	上学	shàngxué	77
教会	教堂	jiàotáng	83
教科書	教科书	jiàokēshū	79
共産党	共产党	gòngchǎndǎng	68
教授	教授	jiàoshòu	14
行政	行政	xíngzhèng	42
行政区	行政区	xíngzhèngqū	43

日本語	中文	ピンイン	頁
競争する	竞争	jìngzhēng	75
興味	兴趣	xìngqù	47
キリスト教のカトリック	天主教	Tiānzhǔjiào	83
キリスト教のプロテスタント	基督教	Jīdūjiào	80
キロメートル	公里	gōnglǐ	35
極めて速い	神速	shénsù	89
緊張する	紧张	jǐnzhāng	8
金融	金融	jīnróng	87
具	馅儿	xiànr	20
区域	区域	qūyù	43
薬	药物	yàowù	16
具体的である	具体	jùtǐ	39
砕ける	碎	suì	22
果物	水果	shuǐguǒ	53
口を開く	开口	kāikǒu	20
靴と帽子	鞋帽	xiémào	89
国	国家	guójiā	17
区別する	区别	qūbié	78
ぐらい	左右	zuǒyòu	78
クラス	班	bān	44
栗	栗子	lìzi	23
繰り返し話す	说来说去	shuōlái shuōqù	9
苦労（する）	辛苦	xīnkǔ	76
黒茶	黑茶	hēichá	13
加える	加上	jiāshàng	43
	加	jiā	88
区分け（をする）	区划	qūhuà	42
経済	经济	jīngjì	47
軽食	点心	diǎnxin	22
形成する	形成	xíngchéng	35
敬服する	佩服	pèifu	14
形容詞	形容词	xíngróngcí	58
結婚	结婚	jiéhūn	52
決して…ではない	并	bìng	9
…けれども	虽然	suīrán	51
（日本の）県	县	xiàn	42
原因	因素	yīnsù	24
研究（する）	研究	yánjiū	14
言語	语言	yǔyán	51
原産地	原产地	yuánchǎndì	13
原始	原始	yuánshǐ	84
原子爆弾	原子弹	yuánzǐdàn	11
原子爆弾、メダルなどの量詞	枚	méi	44
建築	建筑	jiànzhù	77
遣唐使	遣唐使	qiǎntángshǐ	70
減肥茶	减肥茶	jiǎnféichá	17
権利を奪い合う	争权夺利	zhēngquán-duólì	70
工業	工业	gōngyè	86
合計	一共	yígòng	51
高原	高原	gāoyuán	35
高校	高中	gāozhōng	75
高校三年生	高三	gāo sān	78
高山	高山	gāoshān	39
孔子	孔子	Kǒngzǐ	81
工場	工厂	gōngchǎng	26
広大な	广大	guǎngdà	39
校長	校长	xiàozhǎng	11
交通	交通	jiāotōng	88
皇帝	天子	tiānzǐ	70
好転する	好转	hǎozhuǎn	90
交流会	交流会	jiāoliúhuì	76
超える	超过	chāoguò	89
コース	课程	kèchéng	77
国民	公民	gōngmín	83
国立	国立	guólì	74
国連	联合国	liánhéguó	53
古代の人々	古人	gǔrén	83
コップ	杯子	bēizi	15
ゴマ	芝麻	zhīma	20
困ったこと	头疼	tóuténg	59
小麦粉	面粉	miànfěn	22
これから	以后	yǐhòu	23
転がる	滚	gǔn	19
怖がる	怕	pà	75
壊す	弄坏	nònghuài	15
（ガラスなどを）壊す	打破	dǎpò	15
今晩	今晚	jīnwǎn	11
建立する	建立	jiànlì	68

さ行

日本語	中文	ピンイン	頁
差	差别	chābié	62
さあ	来	lái	19
サービス性	服务性	fúwùxìng	89
差異	差异	chāyì	36
最後	最后	zuìhòu	75
財布	钱包	qiánbāo	28
…さえも…	连…都…	lián…dōu…	12
支え	支柱	zhīzhù	87
刺身	生鱼片	shēngyúpiàn	7
指す	指	zhǐ	19
雑誌	杂志	zázhì	15
繁雑で多い	繁多	fánduō	13
雑費	杂费	záfèi	77
砂糖	糖	táng	88
寒さが厳しい	严寒	yánhán	36
さらに	更	gèng	9
…される	受	shòu	22

		被	bèi	26	邪魔する	打扰	dǎrǎo	76
山河	山河	shānhé	83	車両	车辆	chēliàng	29
産業	产业	chǎnyè	86	週	周	zhōu	60
残業する	加班	jiābān	11	自由	自由	zìyóu	83
山椒と塩の味	椒盐	jiāoyán	22	習慣	习惯	xíguàn	17
山地	山地	shāndì	35	宗教	宗教	zōngjiào	80
散歩する	散步	sànbù	24	集中する	集中	jízhōng	35
試合	赛	sài	29	重点	重点	zhòngdiǎn	75
寺院	寺院	sìyuàn	81	収入	收入	shōurù	89
	寺庙	sìmiào	83	シューマイ	烧卖	shāomài	7
（道教の）寺院	观	guàn	83	住民	居民	jūmín	30
しかし	但	dàn	6	重要である	重要	zhòngyào	21
仕方がない	没办法	méi bànfǎ	7	重要な	重点	zhòngdiǎn	75
…しかない	只有	zhǐyǒu	44	主食	主食	zhǔshí	9
しかも	而且	érqiě	7	種類	种类	zhǒnglèi	13
	而	ér	55		类	lèi	16
時間	功夫	gōngfu	61		种	zhǒng	17
時間がある	有空	yǒu kòng	79	順番に	轮流	lúnliú	68
四季	四季	sìjì	39	省	省	shěng	43
試験に合格して入学する	考进去	kǎojìnqu	74	小学校	小学	xiǎoxué	8
試験を受ける	考	kǎo	75	称号	称号	chēnghào	87
自殺する	自杀	zìshā	44	上司	领导	lǐngdǎo	38
地震	地震	dìzhèn	44	上述の	上述	shàngshù	29
自身	自己	zìjǐ	51	少数	少数	shǎoshù	16
自然	自然	zìrán	35	使用する	使用	shǐyòng	55
思想	思想	sīxiǎng	83	状態	面貌	miànmào	89
時代	时代	shídài	12	（パソコンに関する）消耗品	耗材 hàocái		89
したがって	因此	yīncǐ	39	ショーロンポー	小笼包	xiǎolóngbāo	7
自治（を行う）	自治	zìzhì	47	ジョギング	跑步	pǎobù	85
自治区	自治区	zìzhìqū	43	職場	单位	dānwèi	46
しっかり覚える	记住	jìzhù	47	諸侯	诸侯	zhūhóu	70
実行する	实行	shíxíng	75	処理する	办	bàn	75
実施する	实行	shíxíng	75	私立	私立	sīlì	74
	实施	shíshī	89	資料	资料	zīliào	91
児童	儿童	értóng	77	白茶	白茶	báichá	13
指導者	领导	lǐngdǎo	38	辛亥革命	辛亥革命	Xīnhài Gémìng	68
指導する	领导	lǐngdǎo	68	進学率	升学率	shēngxué lǜ	78
死ぬ	死	sǐ	11	信仰	信仰	xìnyǎng	81
…し始める	…起来	…qǐlai	29	人口	人口	rénkǒu	46
自分	自己	zìjǐ	51	信仰する	信仰	xìnyǎng	81
資本主義	资本主义	zīběn zhǔyì	47	信者	教徒	jiàotú	81
湿っぽい	潮湿	cháoshī	36		信徒	xìntú	81
占める	占	zhàn	51	信じる	相信	xiāngxìn	81
地面	地上	dìshang	22	（宗教を）信じる	拜	bài	81
社会	社会	shèhuì	30		相信	xiāngxìn	81
社交ダンス	交际舞	jiāojìwǔ	30	（宗教などを）信じる 信奉		xìnfèng	84
…しやすい	好…	hǎo…	43	親切である	亲切	qīnqiè	8
社長	经理	jīnglǐ	76	神道	神道	Shéndào	81
	总经理	zǒng jīnglǐ	76	人物	人物	rénwù	83

日本語	中国語	ピンイン	ページ
進歩（する）	进步	jìnbù	76
衰弱する	衰弱	shuāiruò	70
ずいぶん…	…得多	…de duō	58
吸う	抽	chōu	44
崇拝する	崇拜	chóngbài	83
好きである	爱	ài	7
すぐに	马上	mǎshàng	18
	一下子	yíxiàzi	47
すごい	厉害	lìhai	26
すごい（ほめる言葉）	了不起	liǎobuqǐ	43
少し	一些	yìxiē	59
頭痛	头疼	tóuténg	59
ずっと	一直	yìzhí	68
すなわち	即	jí	77
スピーカー	播放机	bōfàngjī	30
スペイン語	西班牙语	Xībānyáyǔ	53
すべて	全	quán	16
	皆	jiē	83
すべての	所有	suǒyǒu	77
スポーツ	体育	tǐyù	11
スポーツ界	体坛	tǐtán	29
する	办	bàn	75
…すると	一…起	yī…qǐ	25
…する勇気がある	敢	gǎn	27
生活	生活	shēnghuó	36
世紀	世纪	shìjì	29
政策	政策	zhèngcè	89
生産量	产量	chǎnliàng	17
誠心誠意	诚心诚意	chéngxīn-chéngyì	79
成績	成绩	chéngjì	75
製造業	制造业	zhìzàoyè	86
声調	声调	shēngdiào	59
制度	制度	zhìdù	47
製品	产品	chǎnpǐn	87
政府	政府	zhèngfǔ	46
西部	西部	xībù	35
成立する	成立	chénglì	55
勢力	势力	shìlì	70
世界	世界	shìjiè	21
責任	责任	zérèn	38
積極的に	积极	jījí	89
絶対に	肯定	kěndìng	7
説得する	说	shuō	8
説明する	讲	jiǎng	69
世話をする	照顾	zhàogu	47
前回	上次	shàngcì	13
専攻	专业	zhuānyè	77
線香が絶えない	香火不绝	xiānghuǒ bù jué	83
全国	全国	quán guó	7
千差万別	千差万别	qiān chā wàn bié	39
全身	满身	mǎnshēn	19
戦争	战争	zhànzhēng	70
センチメートル	公分	gōngfēn	37
	厘米	límǐ	66
全部で	一共	yígòng	51
全部の	总	zǒng	56
掃除する	打扫	dǎsǎo	88
総支配人	总经理	zǒng jīnglǐ	76
創設する	办	bàn	75
想像する	想像	xiǎngxiàng	22
創造する	创造	chuàngzào	55
組織	单位	dānwèi	46
卒業する	毕业	bìyè	73
その後	后来	hòulái	20
	然后	ránhòu	67
その他	其他	qítā	27
その通り	没错	méi cuò	36
空	天	tiān	44
それから	还有	háiyǒu	87
それでは	那	nà	36
孫悟空	孙悟空	Sūnwùkōng	83
そんなに	那么	nàme	6

た行

日本語	中国語	ピンイン	ページ
ダイエットする	减肥	jiǎnféi	17
大学の入学試験	高考	gāokǎo	75
太極拳	太极拳	tàijíquán	26
タイ語	泰语	Tàiyǔ	57
第三次産業	第三产业	dì sān chǎnyè	87
大丈夫	没问题	méiwèntí	32
体操	体操	tǐcāo	73
大体	大概	dàgài	36
大多数	大多数	dàduōshù	83
第二次産業	第二产业	dì èr chǎnyè	87
代表的な	代表性	dàibiǎoxìng	12
互いに	相互	xiānghù	70
互いに通じない	互不相通	hù bù xiāngtōng	61
高める	提高	tígāo	89
たくさん	许多	xǔduō	87
タクシーに乗る	打的	dǎ dī	37
多神	多神	duō shén	84
たとえ…であろうとも	不论	búlùn	70
たとえば	比如	bǐrú	6
	如	rú	55
タバコ	烟	yān	44
タバコなど小さい箱の量詞	包	bāo	44
…たびに	每当	měi dāng	29
食べ物に対する好み	口味	kǒuwèi	10

食べ物は何でも辛い	辣不离口	làbùlíkǒu	9
…ために	为了	wèile	47
ダンス	舞	wǔ	26
単数	单数	dānshù	61
（ダンスを）する	跳	tiào	26
だんだんと	渐渐	jiànjiàn	84
地域	区域	qūyù	43
近い	接近	jiējìn	81
違い	不同	bùtóng	16
	差异	chāyì	36
力いっぱい	大力	dàlì	55
地上	地上	dìshang	22
チベット族	藏族	Zàngzú	51
チベット仏教	藏传佛教	Zàngchuán Fójiào	84
地方	地方	dìfāng	74
中央	中央	zhōngyāng	46
中学と高校の総称	中学	zhōngxué	74
中学校	初中	chūzhōng	75
中高年の人	中老年人	zhōnglǎonián rén	26
朝鮮族	朝鲜族	Cháoxiǎnzú	55
頂点	顶峰	dǐngfēng	70
直接	直接	zhíjiē	46
直轄市	直辖市	zhíxiáshì	43
散らかす	弄乱	nòngluàn	57
地理	地理	dìlǐ	35
チワン族	壮族	Zhuàngzú	51
通じない	不通	bù tōng	62
通信	电讯	diànxùn	87
通知する	通知	tōngzhī	57
使い慣れる	用惯	yòngguàn	56
使う	用	yòng	17
造り上げる	建立	jiànlì	68
作り方	做法	zuòfǎ	23
作る	制作	zhìzuò	16
	制成	zhìchéng	17
続ける	接	jiē	68
つなぐ	接	jiē	68
妻	老婆	lǎopo	20
…であれ	不管	bùguǎn	16
提出する	交	jiāo	15
定年（になる）	退休	tuìxiū	88
適している	适合	shìhé	29
適度に	随便	suíbiàn	82
…できる	…得了	…deliǎo	45
適齢	适龄	shìlíng	77
出ていけ	滚	gǔn	19
出所	来源	láiyuán	89
天下無敵	天下无敌	tiānxià wúdí	26
点心	点心	diǎnxin	22

テンス	时态	shítài	61
点数	分	fēn	76
伝説	传说	chuánshuō	83
天地	天地	tiāndì	83
伝統	传统	chuántǒng	13
伝統的な	传统	chuántǒng	13
天に昇るほど難しい			
	难若登天	nán ruò dēng tiān	78
…と	跟	gēn	44
…と（書面語）	与	yǔ	50
…という	叫作	jiàozuò	51
…と言えども	虽说	suī shuō	30
…と言えば	说起	shuōqǐ	6
同意する	同意	tóngyì	6
統一する	统一	tǒngyī	67
道家	道家	dàojiā	83
動機	动机	dòngjī	82
等級	级	jí	42
道教	道教	Dàojiào	81
東西南北	东西南北	dōngxī nánběi	36
動作をし続ける	…下去	…xiàqu	68
動詞	动词	dòngcí	58
同時に	同时	tóngshí	56
当然である	当然	dāngrán	7
道祖	道祖	dàozǔ	83
統治する	统治	tǒngzhì	71
東部	东部	dōngbù	36
道理で	怪不得	guàibude	35
道路	马路	mǎlù	29
…と思う	说	shuō	12
	认为	rènwéi	21
	看	kàn	26
…と思った	以为	yǐwéi	20
都会	城市	chéngshì	39
特色	特色	tèsè	22
	特点	tèdiǎn	59
特徴	特点	tèdiǎn	59
特別である	特别	tèbié	42
…と比べたら	比起	bǐqǐ	9
ところ	地方	dìfang	30
とし	年纪	niánjì	26
土地の神	土地爷	Tǔdìyé	81
突然である	突然	tūrán	29
取って代わる	取而代之	qǔérdàizhī	70
とても	好	hǎo	43
とても…である	挺…的	tǐng…de	19
どのぐらいの時間	多久	duō jiǔ	17
跳ぶ	跳	tiào	26
…とみなす	当作	dàngzuò	13

日本語	中文	ピンイン	頁
	当成	dàngchéng	15
…と呼ばれる	叫作	jiàozuò	51
トランク	行李箱	xínglixiāng	18
鶏	鸡	jī	80
鶏肉	鸡肉	jīròu	81
努力	功夫	gōngfu	61
努力する	下功夫	xià gōngfu	61
どれ	哪一个	nǎ yí ge	17
泥	黄泥	huángní	19
とんでもない	哪儿啊	nǎr a	43
どんな	什么样	shénmeyàng	20
どんなに	怎么	zěnme	16

な行

内務	内务	nèiwù	47
中	里头	lǐtou	20
流れ込む	流入	liúrù	39
流れて入る	流进	liújìn	35
名づける	取名	qǔmíng	22
ナツメあん	枣泥	zǎoní	23
など	等	děng	36
などなど	什么的	shénmede	13
…なので	由于	yóuyú	30
悩み	头疼	tóuténg	59
…ならば	就	jiù	14
	…的话	…de huà	17
なるべく	尽量	jǐnliàng	23
なるほど	原来	yuánlái	21
慣れる	习惯	xíguàn	17
南方	南方	nánfāng	6
肉	肉	ròu	27
…にすぎない	罢了	bàle	82
…に相当する	相当于	xiāngdāng yú	39
…に属する	属于	shǔyú	13
…に頼る	靠	kào	89
…口	天	tiān	44
…について	对	duì	14
…について	随着	suízhe	30
…にとって	对…来说	duì…lái shuō	58
…に富む	富有	fùyǒu	17
…になる	成为	chéngwéi	30
	当	dāng	76
…にもかかわらず	无论	wúlùn	82
…によって	按	àn	16
	由	yóu	46
	按照	ànzhào	47
…によると…だそうだ	据说	jùshuō	13
…に分ける	分成	fēnchéng	68
人気	人气	rénqì	30
盗む	偷	tōu	28
ねえ	欸	éi	59
熱狂する	疯狂	fēngkuáng	29
年齢	年纪	niánjì	26
農業	农业	nóngyè	87
…の区別	…之分	…zhī fēn	74
のた打ち回る	打滚	dǎgǔn	20
のち	然后	ránhòu	67
…の中	之中	zhī zhōng	17
…の中に	…里	…li	51
飲み物	饮料	yǐnliào	12
…のようだ	像	xiàng	19

は行

パーセント	百分之	bǎi fēn zhī	51
倍	倍	bèi	35
パイナップル	凤梨	fènglí	22
パイのようなお菓子	饼	bǐng	20
俳優	演员	yǎnyuán	21
入る	进入	jìnrù	29
（大学などに）入る	上	shàng	76
…ばかりではなく	不但	búdàn	16
激しい	激烈	jīliè	78
派遣する	派	pài	70
運ぶ	搬	bān	88
橋、建物、山などの量詞	座	zuò	62
はずだ	会	huì	15
パスポート	护照	hùzhào	18
発音	发音	fāyīn	61
発酵する	发酵	fājiào	16
発生する	发生	fāshēng	71
発展	发展	fāzhǎn	87
発展する	发展	fāzhǎn	87
発動する	发动	fādòng	70
バドミントン	羽毛球	yǔmáoqiú	26
話す	谈	tán	12
花を入れたお茶	花茶	huāchá	13
早くも	早在	zǎo zài	16
払う	缴付	jiǎofù	77
春のようだ	如春	rú chūn	39
繁栄する	繁荣	fánróng	47
番組	节目	jiémù	29
晩御飯	晚饭	wǎnfàn	26
反対する	反对	fǎnduì	16
万物	万物	wànwù	81
半分	半	bàn	17
ピーナッツ	花生	huāshēng	22
ビール	啤酒	píjiǔ	13
比較的	比较	bǐjiào	59

日本語	中国語	ピンイン	ページ
引き起こす	引起	yǐnqǐ	30
低い	低	dī	35
比重	比重	bǐzhòng	87
必要がない	不用	búyòng	59
人が大変多いこと	人山人海	rénshān-rénhǎi	90
ひどく	…死	…sǐ	6
人の往来が絶えないさま	络绎不绝	luòyì bù jué	90
人々	人民	rénmín	7
火鍋	火锅	huǒguō	7
批判する	批评	pīpíng	28
百円ショップ	百元店	bǎiyuándiàn	87
廟	庙	miào	83
病気	病	bìng	79
表示する	表示	biǎoshì	61
標準語	普通话	pǔtōnghuà	59
	标准话	biāozhǔn huà	62
昼休み	午休	wǔxiū	29
広場ダンス	广场舞	guǎngchǎngwǔ	26
瓶、ボトルの量詞	瓶	píng	45
プーアール茶	普洱茶	Pǔ'ěrchá	16
風習	风俗	fēngsú	47
深い	深	shēn	22
深く	深	shēn	22
不可能である	不可能	bù kěnéng	7
吹き倒す	刮倒	guādǎo	28
普及させる	推广	tuīguǎng	55
複数	复数	fùshù	61
服装	服装	fúzhuāng	89
含む	包括	bāokuò	46
豚	猪	zhū	27
豚肉	猪肉	zhūròu	81
普通	普通	pǔtōng	75
普通である	一般	yìbān	13
ぶつかる	撞	zhuàng	31
仏教	佛教	Fójiào	81
仏教を信じる	拜佛	bàifó	80
ぶどう	葡萄	pútao	53
部分	部分	bùfen	51
不満	不满	bùmǎn	30
フランス語	法语	Fǎyǔ	27
古い	旧	jiù	15
プレッシャー	压力	yālì	75
文学	文学	wénxué	14
分割する	分割	fēngē	70
…分の…	…分之…	…fēn zhī…	35
文法	语法	yǔfǎ	61
…へ	往	wǎng	36
平方	平方	píngfāng	35
平野	平原	píngyuán	36
変化	变化	biànhuà	58
変化する	变化	biànhuà	58
返還する	回归	huíguī	47
方言	方言	fāngyán	59
方式	方式	fāngshì	47
放送する	播放	bōfàng	30
方法	方法	fāngfǎ	16
方面	方面	fāngmiàn	61
法律	法律	fǎlǜ	82
他に	另外	lìngwài	17
	别的	bié de	19
他の人	别人	biéren	49
歩行者	行人	xíngrén	29
菩薩	菩萨	púsà	81
保持する	保持	bǎochí	47
北方	北方	běifāng	36
ほとんど	大多	dàduō	17
	几乎	jīhū	36
ほめ過ぎる	过奖	guòjiǎng	59
滅ぶ	灭亡	mièwáng	68
ほろほろと柔らかいお菓子	酥	sū	20
盆地	盆地	péndì	39
本人	本人	běnrén	78
本来	本来	běnlái	55

ま行

日本語	中国語	ピンイン	ページ
マーボー豆腐	麻婆豆腐	mápódòufu	7
真面目である	认真	rènzhēn	85
まず	首先	shǒuxiān	47
まず挙げられる	首推	shǒu tuī	29
町	城市	chéngshì	39
間違いない	没错	méi cuò	36
まったく	简直	jiǎnzhí	26
まとめる	总结	zǒngjié	59
学びにくい	难学	nán xué	58
守る	遵守	zūnshǒu	82
まるで	简直	jiǎnzhí	26
まるで…のようだ	就像	jiù xiàng	22
満州族	满族	Mǎnzú	55
慢性	慢性	mànxìng	44
満足する	满足	mǎnzú	76
マントー	馒头	mántou	7
見いだす	看出	kànchū	30
見方	看法	kànfǎ	69
みかん	桔子	júzi	53
店などの量詞	家	jiā	24
見た	看到	kàndào	87
見たことがある	见过	jiànguo	69

見たところ	看来	kànlái	61
源	来源	láiyuán	89
ミャオ族	苗族	Miáozú	55
未来	未来	wèilái	58
民間	民间	mínjiān	81
民族	民族	mínzú	16
昔	过去	guòqù	59
無邪気である	天真	tiānzhēn	8
夢中になる	迷住	mízhù	29
名実相伴う	名符其实	míngfúqíshí	7
名所旧跡	名胜古迹	míngshèng gǔjì	90
面積	面积	miànjī	35
面接（する）	面试	miànshì	8
メンツ	面子	miànzi	60
面倒くさい	麻烦	máfan	61
目前	目前	mùqián	55
もし	如果	rúguǒ	78
文字	文字	wénzì	51
モスク	清真寺	qīngzhēnsì	83
元々ある	原有	yuányǒu	47
モンゴル族	蒙古族	Měnggǔzú	55

や行

約	约	yuē	39
薬草茶	药茶	yàochá	17
易しい	易	yì	22
やっと	才	cái	20
やはり	还是	hái shì	51
柔らかいお菓子	糕	gāo	19
柔らかくてふわふわしている	松	sōng	22
ヤンコ踊り	秧歌	yāngge	30
夕方	傍晚	bàngwǎn	26
悠久である	悠久	yōujiǔ	16
優秀な	优秀	yōuxiù	75
有名である	有名	yǒumíng	6
ユーモアがある	幽默	yōumò	8
ゆっくりと	慢慢儿	mànmānr	47
許す	原谅	yuánliàng	79
揺れる	摇	yáo	60
…よ	呢	ne	12
よい	好	hǎo	43
様相	面貌	miànmào	89
ようやく	才	cái	20
よその民族	外族	wàizú	68
4年の学部	本科	běnkē	77
呼び名	称号	chēnghào	87

ら行

ラマ教	喇嘛教	Lǎmajiào	84
リードする	领导	lǐngdǎo	68
理解する	了解	liǎojiě	76
量	量	liàng	29
緑豆	绿豆	lǜdòu	20
例外（である）	例外	lìwài	78
歴史	历史	lìshǐ	13
レベル	水平	shuǐpíng	77
老子	老子	Lǎozǐ	81
ロシア語	俄语	Éyǔ	53
路上	街上	jiēshang	21
ろば	驴子	lǘzi	19
ロンジン茶	龙井茶	Lóngjǐngchá	16

わ行

ワールドカップ	世界杯	shìjièbēi	29
若い	年轻	niánqīng	26
別れる	分别	fēnbié	73
分ける	分为	fēnwéi	16
	区分	qūfēn	17
わずか	才	cái	51
私たち	咱们	zánmen	37
渡す	交	jiāo	15
わりと	较	jiào	29
	比较	bǐjiào	59
ワンタン	馄饨	húntun	7
…を	把	bǎ	12
…をしながら、…をする	边…边…	biān…biān…	19
…を問わず	无论	wúlùn	82
…を除いて	除了…以外	chúle…yǐwài	22
…をもって…する	以…为基础	yǐ…wéi jīchǔ	62

著者紹介

郭春貴（かく　はるき）
1986年東京大学大学院博士課程単位取得中退（中国語学専攻）。
現在、広島修道大学名誉教授。
2009年4月～9月 NHK ラジオ まいにち中国語講師。

主な著書
『簡明中国語文法ポイント100』共著、白帝社2001／『誤用から学ぶ中国語』白帝社2001／『中国語検定対策3級・4級　単語編』白帝社2003／『改訂版 日本人のための中国語発音の特訓』白帝社2005／『中国語検定対策3級・4級　文法編』白帝社2005／『改訂版 中国語検定対策3級・4級　リスニング編』白帝社2010／『やさしく楽しい実用初級中国語』共著、白帝社2007／『中国語検定対策2級　リスニング編』白帝社2008／『中国語検定対策2級　語彙編』白帝社2009／『やさしく楽しい400語で学ぶ中国語入門』共著、白帝社2011／『総合力をきたえる 実用中級中国語』共著、白帝社2012／『HSK 基本語彙1級－4級』共著、白帝社2012／『HSK 基本語彙5級－6級』共著、白帝社2013／『誤用から学ぶ中国語 続編1』白帝社2014／『誤用から学ぶ中国語 続編2』白帝社2017／『HSK 成語用法』共著、白帝社2018／『第2外国語中国語教育の諸問題』白帝社2020

郭久美子（かく　くみこ）
1976年青山学院大学英文学科卒業、2000年広島大学大学院教育学研究科修士課程修了（日本語教育専攻）。
現在、広島大学、県立広島大学、広島修道大学中国語非常勤講師、広島YMCA日本語非常勤講師。

著書・訳書
『娘とわたしの戦争』（葉広芩著）／『やさしく楽しい実用初級中国語』共著、白帝社2007／『やさしく楽しい400語で学ぶ中国語入門』共著、白帝社2011／『総合力をきたえる 実用中級中国語』共著、白帝社2012／『HSK 基本語彙1級－4級』共著、白帝社2012／『HSK 基本語彙5級－6級』共著、白帝社2013／『HSK 成語用法』共著、白帝社2018

梁勤（りょう　きん）
現在、中国北京語言大学国際漢語教育学部修士課程。専門は中国語教育。

●表紙デザイン：宇佐美佳子

会話と読解中心　やさしく楽しい中級中国語　中国基礎知識12篇

2017年4月10日　初版発行
2021年9月1日　4刷発行

著　者　郭春貴・郭久美子・梁勤
発行者　佐藤康夫
発行所　白　帝　社
　　　　〒171-0014　東京都豊島区池袋2-65-1
　　　　TEL　03-3986-3271
　　　　FAX　03-3986-3272（営）／03-3986-8892（編）
　　　　http://www.hakuteisha.co.jp

組版・萩原印刷　　印刷・倉敷印刷　　製本・ティーケー出版印刷

Printed in Japan〈検印省略〉6914　　　　　ISBN978-4-86398-269-7
＊定価は表紙に表示してあります。